MARISA LAJOLO

Monteiro Lobato
UM BRASILEIRO SOB MEDIDA

CB003256

DE ACORDO COM AS NOVAS NORMAS ORTOGRÁFICAS

MODERNA

© MARISA LAJOLO 2000

COORDENAÇÃO EDITORIAL: Maristela Petrili de Almeida Leite
ASSISTÊNCIA EDITORIAL: Marcelo Gomes
DIGITAÇÃO: Rosa Chadu Dalbem
COORDENAÇÃO DA REVISÃO: Estevam Vieira Lédo Jr.
REVISÃO: Duna Dueto Editora
GERÊNCIA DE PRODUÇÃO GRÁFICA: Wilson Teodoro Garcia
EDIÇÃO DE ARTE: Elizabeth Kamazuka Santos
PROJETO GRÁFICO: Moema Cavalcanti
CAPA: Moema Cavalcanti - Imagem eletrônica de Douglas Braga
Foto: Monteiro Lobato © Família Monteiro Lobato
PESQUISA ICONOGRÁFICA: Marisa Lajolo
DIAGRAMAÇÃO: Raquel Bortoletto Ribeiro
TRATAMENTO DE IMAGENS: Silvio Pereira
SAÍDA DE FILMES: Helio P. de Souza Filho, Luiz A. da Silva
COORDENAÇÃO DO PCP: Fernando Dalto Degan
IMPRESSÃO E ACABAMENTO: A.S. Pereira Gráfica e Editora EIRELI
LOTE: 802387 - Código: 12025870

Dados Internacionais de Catalogação na Publicação (CIP)
(Câmara Brasileira do Livro, SP, Brasil)

Lajolo, Marisa
  Monteiro Lobato : um brasileiro sob medida /
Marisa Lajolo. — São Paulo : Moderna, 2000.

  1. Editores e indústria editorial – Brasil
2. Livros – História 3. Livros – Indústria e
comércio – Brasil 4. Lobato, Monteiro, 1882-1948
I. Título.

00-0173   CDD-928.699

Índices para catálogo sistemático:
1. Brasil : Escritores : Biografia   928.699
2. Escritores brasileiros : Biografia   928.699

ISBN 85-16-02587-X

Reprodução proibida. Art.184 do Código Penal e Lei 9.610 de 19 de fevereiro de 1998.

Todos os direitos reservados

EDITORA MODERNA LTDA.
Rua Padre Adelino, 758 - Belenzinho
São Paulo - SP - Brasil - CEP 03303-904
Vendas e Atendimento: Tel. (0_ _11) 2790-1500
Fax (0_ _11) 2790-1501
www.moderna.com.br
2025

Impresso no Brasil

*Para Paula e Camila,
ainda e sempre
Lajolinhas do meu coração.*

• A utilização dos direitos autorais de Monteiro Lobato
e de J. U. Campos foi autorizada por Monteiro Lobato Licenciamentos.
Todos os direitos reservados.

• Colaboraram também com a autorização para utilização de imagens:
CEDAE/IEL/UNICAMP, Cilza Carla Bignotto e os autores do livro
Lembranças de São Paulo, João Emílio Gerodetti e Carlos Cornejo.

• Fotografias/ilustrações cedidas pela
Família Monteiro Lobato e pelos autores do livro
Monteiro Lobato: Furacão na Botocúndia
(São Paulo, Ed. Senac).

Versão anterior e bastante reduzida deste livro foi publicada, em 1985, com o título *Monteiro Lobato*,
na coleção Encanto Radical, da Editora Brasiliense.

Agradecimentos

A autora agradece a Joyce Campos Kornbluh, Jorge M. Kornbluh
e a Vladimir Sacchetta pela cessão das imagens aqui utilizadas.
Agradece também a Cilza Carla Bignotto pela assessoria na pesquisa de textos.

AS MEDIDAS DESTE LIVRO

Meu encanto por Monteiro Lobato vem de antigamente, de meus dez anos de idade, quando a consolação única de um tratamento dentário doloroso era, ao descer da cadeira terrível, ganhar um dos livros da série do Sítio. Ou fosse porque meus dentes eram ruins, ou porque a odontologia da época levava meses e meses trocando um algodãozinho de cloranfenicol por outro, até concluir as obturações necessárias eu já tinha devorado todas as histórias disponíveis naqueles livros de capa dura, colorida e com desenhos dos personagens. (As figuras 1 e 2 reproduzem algumas destas capas.)

É claro que de lá para cá muita coisa mudou, tanto na odontologia quanto no meu encanto por Monteiro Lobato. Se a odontologia incorporou o motor de alta rotação, meu encanto cresceu e amadureceu, matizando-se em respeito, admiração, deslumbramento, divergência e crítica. Esses matizes do encanto, no entanto, em nada ofuscam a luz que emana desse escriba, cujas feições vão se delineando ao longo de muitas centenas de cartas, das diferentes campanhas em que se envolveu apaixonadamente, e dos milhares de páginas que deixou escritas.

Cartas, campanhas e livros são alguns dos caminhos que podem nos conduzir à pessoa do escritor Monteiro Lobato. Será que conduzem mesmo? O caso é que nem todas as veredas ao longo das quais Monteiro Lobato viveu sua vida dão conta dela. Pois que caminhos dão conta da vida de uma pessoa? Mas são, pelo menos, rastros de um caminho que, na paixão com que foram impressos, delineiam a figura do nativo de Áries: voluntarioso e volúvel, obcecado, que, como seu signo, baixa a cabeça e sai dando marradas pela vida afora.

Mas, além de ter dado marradas, Monteiro Lobato foi também pródigo em recebê-las. E embora não se possa dizer que ele se tenha transformado num cordeirinho meigo e cordato, parece que, nos últimos anos de sua vida, muito de sua anterior energia decantou-se em amargura. A amargura somou-se à ironia já presente nos rabiscos do rapazinho que, mudando-se de Taubaté para São Paulo, derrama sobre as irmãs que ficaram em casa torrentes de piadas e brincadeiras.

Neste meu encanto por Monteiro Lobato encontro-me com muitos outros leitores, sobretudo brasileiros, para quem o sítio de Dona Benta evoca os bolinhos de Tia Nastácia, os olhos de retrós da Emília, o bodoque de Pedrinho, o medo do Visconde por vacas e a galanteza do Príncipe Escamado.

Esse meu encanto conduz-me também aos inúmeros biógrafos e pesquisadores que, antes de mim mas também junto comigo, percorrem-lhe a correspondência, escrutinam-lhe a obra, entrevistam leitores. Encantados por Monteiro Lobato, os pesquisadores acabaram por traçar alguns perfis: retocar o nariz aqui e ali, ajeitar outro recorte para as orelhas, amenizar um certo franzir de sobrancelhas. Grossas como taturanas, as sobrancelhas são marca registrada lobatiana.

No trabalho dos pesquisadores as cartas são as cartas sobre as quais cada um banca seu jogo.

São sempre as mesmas cartas, as mesmas obras e as mesmas informações, mas por milagre da paixão e da linguagem, quando cruzadas com seu contexto, as pesquisas sugerem e condimentam apaixonadas polêmicas: *Monteiro Lobato foi ou não foi comunista? E como é que ele se dava com Mário de Andrade? O dinheiro que em 1929 ele perdeu na Bolsa de Nova Iorque era dele ou não? Ele era racista?*

Antes que as perguntas fiquem embaraçosas, é bom lembrar que uma das prerrogativas do encanto é que ele não dá ouvidos a métodos e muito menos se compromete com detalhes e minúcias. Ao encanto, basta-lhe o redemoinho das muitas indagações e de algumas respostas, sempre provisórias, quando o que está em jogo é literatura, livros, escritores. Haja o que houver por detrás da cerca, importa mais o vento que canta nas árvores do que o gráfico minucioso das condições atmosféricas.

Neutralidade impossível, esta é uma biografia encantada. Apesar do esforço da terceira pessoa, da relativa sequência cronológica e das inevitáveis citações.

1

Na noite de 18 de abril de 1882 nasce em Taubaté o primogênito do proprietário das fazendas Paraíso e Santa Maria. O recém-nascido é o primeiro filho de José Bento Marcondes Lobato e de dona Olímpia Augusta Monteiro Lobato.

Neto pelo lado materno de José Francisco Monteiro, visconde de Tremembé, o menino recebe na pia batismal o nome de José Renato. A família o trata de Juca, e Juca será para eles pela vida afora, mesmo depois que, por volta dos onze anos, decide mudar de nome: prefere José Bento, cujas iniciais coincidem com as letras encastoadas em ouro numa bengala de seu pai. Juca cobiça a bengala, naquele tempo complemento indispensável à elegância masculina.

A situação é emblemática da força de vontade, do senso prático e da garra do menino que viria a ser o famoso escritor Monteiro Lobato.

No aconchego doméstico, decorre a infância comum de menino medianamente abastado do interior paulista, no fim do século. Vive com os pais e as irmãs menores, Teca e Judite, na fazenda Santa Maria em Ribeirão das Almas, nos arredores de Taubaté. Entremeia a vida na roça com temporadas longas na casa que os pais mantinham na cidade e com visitas demoradas à casa do avô visconde, no meio de uma chácara.

Como todos os meninos de sua classe social, Juca tem um pajem que o acompanha nas brincadeiras. Com as irmãs Teca e Judite faz bonecos e bichos de chuchu e tem muito medo de assombração. Sua infância é cheia de pescarias no ribeirão, de banhos de cachoeira, de tiros com sua espingardinha marca Flaubert, de passeios em seu cavalo Piquira. Ao tempo das calças curtas, trepa em árvores, chupa fruta no pé, aprende a gostar de circo, de pamonha, de içá torrado e de pinhão.

Nas visitas à casa do avô — conta mais tarde — fascina-o a biblioteca: os livros, em particular os ilustrados, seduzem-no ainda mais do que a figura do imperador Pedro II, que conhece como hóspede do avô numa das últimas viagens imperiais a São Paulo.

Compensando a rigidez das relações afetivas com o pai austero, Juca tem imensa ternura pela avó materna, a humilde professora Anacleta Augusta do Amor Divino, em tudo diferente da viscondessa legítima. Esta, a senhora Maria Belmira França, com quem o visconde se casara depois de ter tido dois filhos com Anacleta, será para sempre *a visconda,* na voz desdenhosa de Juca. A dureza da forma de tratamento assinala a precoce compreensão de todo o preconceito que nascimentos ilegítimos e relações extraconjugais despertavam no século passado, tempo de convenções sociais bastante rígidas: a querida avó Anacleta morava em uma casinha bem menor e mais distante do que a casa da visconda…

As primeiras lições do menino Juca são em casa, com dona Olímpia, que o ensina a ler, escrever e contar. Depois disso, como era uso no tempo, um professor particular — Joviano Barbosa — encarrega-se de sua educação. É só mais tarde que Juca frequenta as raras e efêmeras escolas particulares de Taubaté: o colégio do professor Kennedy, depois o *Colégio Americano* (escola mista dirigida por *Miss* Stafford, educadora irlandesa), depois o *Colégio Paulista*.

Nesse último, foi aluno do professor Mostardeiro, mestre que volta a procurar mais tarde, depois de formado, para com ele discutir as *novas* filosofias que tanto o fascinavam em São Paulo: Mostardeiro era positivista, o que era vanguarda para a época e o diferenciava na intelectualidade da pacata Taubaté.

Juca frequenta, finalmente, o *Colégio São João Evangelista*. Ali, o diretor é o professor Antônio Quirino de Souza e Castro, que anos depois desempenha importante papel na história de Monteiro Lobato, pois é na casa do antigo mestre que o ex-aluno se aproxima da mulher que será sua companheira de toda a vida, a neta do velho Quirino.

Mas ainda não é tempo de amores. O tempo é de escolas, e com o *São João Evangelista* parece encerrada a vida escolar de Juca em colégios do interior paulista.

O rumo é São Paulo.

O século XIX está chegando ao fim, e as malas de Juca estão prontas, com destino ao *Instituto Ciências e Letras* da capital, onde vai estudar as matérias necessárias ao ingresso no curso de Direito. Chega à Pauliceia nada desvairada de 1895, mas é reprovado em Português e tem de arrepiar caminho: volta para Taubaté e para o *Colégio Paulista*. E é lá que estreia em letra impressa, como colaborador de *O Guarany*, improvisado jornalzinho estudantil.

O menino, Juca para a família, começa a ser para os leitores do jornaleco *Josbem* e *Nhô Dito*, pseudônimos com que assina suas primeiras colaborações: uma crítica à *Enciclopédia do Riso e da Galhofa* (espécie de almanaque, extremamente popular) e uma crônica dos acontecimentos diários da escola.

2

Juca retorna a São Paulo em 1896 para novos exames, agora bem-sucedidos. Aprovado, matricula-se como interno no *Instituto Ciências e Letras,* onde permanece ao longo de três anos e uma reprovação em latim. Nas horas vagas, a mesada curta não o impede de explorar a cidade, por onde passeia: paga três vinténs para cruzar o Viaduto do Chá, percorre as ruas do centro, frequenta teatros, visita parentes, joga na loteria tentando engordar a mesada e dá conta de seu cotidiano em minuciosas cartas que dirige com assiduidade à família.

Atrás do pseudônimo *Gustavo Lannes,* Monteiro Lobato colabora nos jornais estudantis *O Patriota* e *A Pátria* até que funda seu próprio jornal — H_2O —, um pasquim manuscrito. Participa também do *Grêmio Literário Álvares de Azevedo,* onde, como então faziam os alunos com veleidades intelectuais, declama poesia, faz discursos e disputa torneios oratórios.

Bem cedo o menino Juca fica órfão.

José Bento morre em 1898, dona Olímpia em 1899, assumindo o velho visconde a guarda de Monteiro Lobato e de suas irmãs. Atropelando uma presuntiva vocação do neto pelas Belas-Artes, o visconde obriga-o a matricular-se na Faculdade de Direito, curso onde, naquele tempo, desaguavam todos os filhos da aristocracia brasileira.

Em 1900, a virada do século.

Cumprindo a vontade de seu avô e o destino dos jovens de sua classe social, o menino Juca começa o itinerário para transformar-se no doutor Monteiro Lobato: ingressa na Faculdade de Direito de São Paulo, no Largo de São Francisco. Calouro ainda, e sempre com dinheiro curto, muda constantemente de endereço: mora sucessivamente na Rua Conselheiro Furtado, na Ladeira do Riachuelo, na Alameda dos Andradas, na Rua José Bonifácio, no Largo do Palácio, na Rua Araújo… (As figuras 3 e 4 reproduzem esta cartografia paulistana de Monteiro Lobato.)

Desde o começo da faculdade confirma-se seu desinteresse pelo estudo das leis: a atenção às aulas era substituída pela caricatura dos professores, e a dedicação aos estudos jurídicos pela colaboração no jornal *Onze de Agosto* e por atividades estudantis numa *Arcádia Acadêmica*.

Desta agremiação, fundada por sua turma, Monteiro Lobato participou desde calouro, sendo eleito seu presidente em 1902. Se, como toda arcádia, a *Acadêmica* teve vida efêmera, a colaboração de Monteiro Lobato no jornal *Onze de Agosto* é mais regular. No ano de 1903 assina constantemente a crítica teatral e participa de um concurso literário com o conto *Gens ennuyeux*, texto vencedor que o jornal publica em 1904. Porém, mais importante do que tudo isso, é o grupo de colegas e amigos com os quais integra o grupo *O Cenáculo*, cuja vida cotidiana era temperada com fortes doses de literatura.

Na vida universitária paulistana do começo do século rolava forte dose de boemia. O palco desta era o Café Guarany, nas redondezas do Largo do Rosário, no centro paulistano — o triângulo formado pelas ruas Direita, São Bento e XV de Novembro. Nas cabeças e nas conversas, muita literatura. E como seus colegas, os membros de *O Cenáculo* também liam, faziam e discutiam literatura o tempo todo.

Na própria denominação *cenáculo*, aliás, parece encontrar eco a denominação da vanguarda intelectual portuguesa de 1870, quando os então jovens Antero de Quental e Eça de Queirós, entre outros, terçavam armas com o remanescente Romantismo português, primeiro nas conferências do Cassino lisbonense, e depois nas polêmicas da Questão Coimbrã.

A camaradagem de bar e de faculdade estreita-se ainda mais: primeiro Godofredo Rangel, depois Ricardo Gonçalves, e por fim também Monteiro Lobato — todos membros de *O Cenáculo* — compartilham uma república nos altos de um chalé amarelo, na Rua Vinte e Um de Abril, no Belenzinho. Por tratar-se de um lugar alto, por seus frequentadores aspirarem à sacralidade da arte e também porque os jovens são sempre comovedoramente pretensiosos, batizam a casa de "O Minarete", denominação que se inspira no islamismo: Minarete é a torre da qual os fiéis são lembrados do momento de suas orações.

No Minarete, muita brincadeira, muita literatura, muita literatice.

A literatice, por exemplo, fica por conta de pastiches de *Tartarin de Tarrascon*, romance do escritor francês Daudet (1867-1942), espécie de bíblia do grupo. Cada morador adotava o nome de uma personagem do romance e nesse nome se saudavam. Todos juntos compõem um hino para a república em que moravam, parodiando o hino dos tarrasconenses mencionado no livro.

Monteiro Lobato conta como ele, acompanhado de Ricardo Gonçalves, Godofredo Rangel, Cândido Negreiros e Artur Ramos, desafinam *Dó brin ode bran,* num quarto semiempapelado de rosa, com paredes cobertas de rabiscos que tanto advertem que *aqui só se come pão do espírito*, como fazem a apologia da revolução e da arte.

Mas o nome *minarete* estava fadado a ser mais do que a denominação de uma divertida república estudantil que deixou saudades em todos os seus moradores. *Minarete* serviu também de nome para um jornal de Pindamonhangaba, cidade do interior paulista, quando Benjamim Pinheiro — amigo do grupo de *O Cenáculo*, formado e já de volta a Pinda —, querendo um órgão de imprensa para a oposição municipal, cria o jornal que batiza de *O Minarete* e cuja elaboração confia aos amigos do chalezinho amarelo.

Não falta a este jornalzinho nem mesmo um romance-folhetim em rodapé como era comum na imprensa da época: suas páginas estampam *O Lambeferas*, produção antiga de Monteiro Lobato (sob o pseudônimo *Yewski)* que tinha circulado manuscritamente e com sucesso entre o grupo de *O Cenáculo*. Sua publicação, em *O Minarete,* parece ter escandalizado tanto os pacatos leitores pindamonhangabenses que a direção do jornal não demorou a suspendê-la.

Nesta fase, novos pseudônimos recobrem a colaboração de Monteiro Lobato na imprensa: em *O Minarete* é *Rodanto Cor de Rosa, Lobatoyewski, Guy d'Hã, Martinho Dias*; em *O Povo* (de Caçapava) é *Hélio Bruma, HB, ML.*

Do menino Juca ao doutor Monteiro Lobato e daí ao Monteiro Lobato que encanta tantos, o caminho vai sendo cumprido em todas as etapas. Uma das últimas do percurso universitário é o escandaloso discurso de formatura que, proferido por Edgar Jordão (Monteiro Lobato recusou a indicação unânime que os colegas fizeram de seu nome), teve em sua elaboração doses fortes do socialismo de Ricardo Gonçalves e da irreverência lobatiana.

As autoridades, escandalizadas, retiram-se no meio da festa, o que motiva uma imediata e alegre comemoração de *O Cenáculo* no café Guarany.

3

Formado, o doutor Monteiro Lobato retorna a Taubaté.

Neto do visconde, é recebido com festas provincianas, que saúdam o moço que chega de São Paulo com canudo de bacharel. Mas ele entedia-se com o compasso ocioso da vida na cidadezinha. Engana o tédio com planos mirabolantes de uma fábrica de geleia e com o namoro com Maria Pureza da Natividade, neta do doutor Quirino, o velho professor com quem Monteiro Lobato jogava xadrez nos longos ócios de Taubaté.

Monteiro Lobato e Purezinha, que já se conheciam de São Paulo, onde ela era professora, ficam noivos e, nos arroubos da paixão, Monteiro Lobato, sempre sob pseudônimo, envia para um jornal chochos, porém apaixonadíssimos poemas de amor. Como todos os maus poetas apaixonados, proclama em versos fracos a beleza e a indiferença da amada.

Desse cotidiano pacato e monótono, vivido em compasso de espera, Monteiro Lobato vai prestando contas miúdas a um companheiro seu de faculdade e de Cenáculo, Godofredo Rangel, que, também formado, tinha regressado às suas Minas natais.

Nos intervalos do noivado e da assídua correspondência, Monteiro Lobato, sempre sob pseudônimos, prossegue a colaboração em jornais, com destaque para a narrativa longa *O queijo de Minas ou a história do nó cego*, que, em parceria com Rangel, escreveu para *O Minarete*.

Pretendendo casar-se, o doutor Monteiro Lobato precisa encontrar meios de sustentar a futura família. Pensa em um cargo público, aspiração natural num bacharel de sua classe social, reforçada pelo fato de que nas ausências do promotor de Taubaté, ele já exercia interinamente a promotoria. Em viagem pelo Oeste paulista, Monteiro Lobato impressiona-se muito com a riqueza que o café trouxera para a região de Ribeirão Preto, e pleiteia uma promotoria numa das comarcas da zona; tem cacife para isso: é bacharel em Direito e seu avô é politicamente influente. Mas a influência do visconde de Tremembé esbarra em influências maiores, e o resultado do empenho é menor do que a pretensão do jovem bacharel: o velho consegue a promotoria para o neto, mas não na promissora região da terra roxa.

Em 1907, Monteiro Lobato tem de contentar-se com uma nomeação para Areias, cidadezinha (como Taubaté) também do Vale do Paraíba, onde escorre uma vida morna de cidadezinha qualquer. O jovem promotor transfere-se para Areias, onde fica na expectativa de uma remoção que jamais chega. Areias transforma-se em modelo de Oblívion, de ltaoca e de todas as *cidades mortas* cuja imagem percorre a obra do escritor, dando inclusive nome ao livro de contos que publica em 1919.

Nos primeiros tempos de Areias, as cartas de Juca a Purezinha destilam ternura e tédio. Ternura pela noiva, tédio por Areias. Tédio que resiste ao xadrez, às caçadas e pescarias, às leituras cujos comentários partilha com Rangel, e até ao sugestivo fato de Monteiro Lobato ocupar, na hospedaria em que reside, o mesmo quarto que fora de Euclides da Cunha, quando este dirigira o conserto de uma ponte em Areias.

Com tudo isso, mais a pintura de aquarelas (a figura 6 reproduz uma delas), Monteiro Lobato vai tentando preencher o ócio de um promotor público solteiro em Areias, cujas horas vagas são tantas, que datam daí muitos dos contos posteriormente publicados em revistas e mais tarde enfeixados em *Urupês*, livro de contos de 1918. Foi também em Areias que Monteiro Lobato envolve-se em sua primeira e única causa: na disputa entre João Costa e Sá e a firma Gonçalves & Ferreira, Monteiro Lobato defende os interesses da firma e ganha a causa.

Em 1908, o promotor doutor Monteiro Lobato casa-se com Maria Pureza, diante do padre e do juiz. O casamento realiza-se em São Paulo, onde mora a família da noiva, e de onde o casal parte para lua de mel nas praias da então distante e bucólica cidade de Santos. Lá residia uma irmã casada de Monteiro Lobato. Durante a lua de mel, um acidente retarda o regresso a Areias: Juca e Purezinha pisam num molusco venenoso e queimam os pés. Têm de ficar imobilizados e só alguns meses depois é que se transferem para Areias, onde passam a morar.

O promotor recém-casado retoma suas atividades, residindo agora num casarão enorme, de dez janelas. Purezinha dirige a casa e prepara o enxoval do bebê já encomendado. No ramerrão cotidiano, a promotoria dá muitas folgas a Monteiro Lobato, nas quais ele pinta aquarelas, diverte-se com a marcenaria, devora os livros comprados nas frequentes viagens a São Paulo, e os vai discutindo com o velho Rangel de sempre.

Com esse ritmo de vida, Monteiro Lobato encontra tempo de sobra para prosseguir sua colaboração na imprensa, enviando de Areias matérias e *charges* para diferentes jornais e revistas. Numa carta de 1909 ao cunhado, a propósito de sua colaboração num jornal de Santos, já afloram indícios de uma consciência profissional incipiente, atitude pouco comum entre os homens de letras daquele tempo. Monteiro Lobato escreve a seu cunhado que

*"... hoje só concebo que se extravase pelo bico da pena tantos ideais sobre umas tantas tiras de papel quando alguma vantagenzinha resulta disso (...) e se há alguma compensaçãozinha eu mandarei para **A Tribuna** ver um conto já escrito, **Bocatorta**, e um artigo que posso escrever já, **A futura guerra anglo-alemã**. Querendo também qualquer coisa contra o Hermes, arranja-se. Sobre agricultura, sobre a cultura do sisal vulgo Pita, sobre vias férreas, sobre assuntos palpitantes nacionais e estrangeiros, sobre estética, sobre a morte de M. Chanchard, sobre a decadência do ensino no Brasil e seus remédios, sobre a mentira eleitoral também se forma coisa bem arranjada. Só não sai artigo jurídico... nem diatribe contra Washington Luís".*

Nesta quase declaração de princípios, Monteiro Lobato não só parece entender que o texto escrito tem um preço, isto é, é *também* mercadoria, como também diz aceitar *encomendas*. Ele não se melindra, portanto, com a ideia de que os textos escritos precisam ser adequados a um certo percurso de circulação e às expectativas dos leitores a que se dirigem. Trata-se de uma manifestação interessante, de um pragmatismo por enquanto ainda tênue, cujo amadurecimento será vagaroso e cuja plenitude ainda levará algum tempo para manifestar-se.

Mas que já existe em germe.

Por isso Monteiro Lobato continua insatisfeito em Areias.

Sonha com uma mudança radical de vida, que o livre do cotidiano monótono de promotor em uma cidade morta. A falta de perspectivas leva-o a arquitetar alternativas que rompam com a pasmaceira do dia a dia interiorano: pensa em transferir-se para outras comarcas, em abandonar a carreira e dedicar-se ao comércio abrindo uma *venda onde chova dinheiro,* cogita de negócios de estrada de ferro.

Mas são todas hipóteses impraticáveis, e acabam por trazer pelo cabresto o sonho de volta à realidade intoleravelmente pacata da cidadezinha de Areias.

A ruptura, no entanto, está a caminho: em 1911, a morte do visconde de Tremembé, avô do menino Juca, transforma Monteiro Lobato num grande proprietário rural (a figura 6 representa parte desta propriedade).

Ele recebe como herança a fazenda Buquira, imensidão de terras na Mantiqueira, que acrescida de outras, herdadas pela morte do pai, chega quase a dois mil alqueires. O conjunto constitui uma propriedade imensa, porém decadente, de terreno acidentado, pirambeira de terras já cansadas.

Mas, não obstante tudo isso, é para lá que se muda a família, já aumentada de dois herdeiros: ao nascimento da primogênita Marta, em 1909, sucedeu-se o de Edgar, no ano seguinte.

Instalado a partir de 1911 na sua fazenda, o proprietário Monteiro Lobato empenha-se em torná-la rentável, através de projetos que incluem a modernização da agricultura, a importação de cabras, galinhas e porcos, o recurso a especialistas, o cruzamento para melhoria da criação. Abre, além disso, novas frentes na lavoura, planta café, milho e feijão.

24

Mas seus esforços são baldados, num tempo em que a política econômica — ao menos na ótica dos fazendeiros paulistas — não favorece a lavoura. Monteiro Lobato, de novo insatisfeito, lidera a oposição municipal na vila de Buquira, mas a participação política não resolve seus problemas.

Em 1914, três anos depois de iniciada sua experiência de fazendeiro, explode a guerra na Europa. Monteiro Lobato acompanha tudo pelos jornais que assina e que lê ao balanço da rede, na varanda da casa-grande.

As finanças vão mal. A fazenda não rende e o fazendeiro acaba se indispondo com seu administrador, que, em revide, tenta levar embora todos os moradores. Monteiro Lobato descobre a manobra, faz frente ao homem, contorna o problema, mas continua insatisfeito; no fim do mesmo ano de 1914 em carta dirigida à seção "Queixas e reclamações" de *O Estado de S. Paulo* explode contra antigo, ecológica e economicamente desastroso hábito caipira de tocar fogo no mato...

Trata-se do texto "Velha praga", que torna Monteiro Lobato muito famoso.

Na carta, Jeca Tatu, Chico Marimbondo e Manuel Peroba são nomes que tornam anônimos os réus que o fazendeiro Monteiro Lobato acusa de prática incendiária, considerando-a mais danosa que o fogo da guerra que incendeia a Europa. A este primeiro e raivoso artigo segue-se outro, igualmente impiedoso: "Urupês".

A repercussão de ambos é imensa: ecoam por toda parte, não só pela violência do tom, mas talvez e principalmente porque na voz de Monteiro Lobato ressoa toda a insatisfação dos velhos fazendeiros paulistas que, artífices da República, consideravam-se lesados pela política em vigor.

"Velha praga" e "Urupês" tornam seu autor muito conhecido e discutido. Como anti-herói, Jeca Tatu incomoda o coro patriótico e ufanista que havia tanto tempo era uníssono na voz dos que falavam do Brasil. Definido em "Velha praga" como *piolho da terra* e como *orelha de pau,* o Jeca contradizia frontalmente não só a retórica patrioteira, mas também o processo de idealização das minorias — índios, caboclos, negros e caipiras — às quais a tradição literária romântica atribuía perfil épico e idealizado. Nessa tradição, o ridículo ficava reservado para a figura do caipira-na-cidade-grande, inevitavelmente canhestro em suas aproximações da metrópole, cena frequente na comédia romântica (Martins Pena), e em cuja linhagem o próprio Jeca lobatiano se inscreve, quando é retomado na filmografia de Mazzaropi (a figura 7 representa uma das figurações do Jeca no cinema).

Mas, embora já relativamente famoso e muito requisitado para conferências e artigos, ou talvez exatamente por causa disso, Monteiro Lobato está cada vez mais insatisfeito. Nas mesmas páginas onde registra as contas (sempre em déficit) da fazenda, continua fazendo e refazendo seus contos, e discutindo-os a distância com Godofredo Rangel, a quem também se queixa de que não fora talhado para a vida de fazendeiro.

A assiduidade e variedade de sua colaboração na imprensa não calam o tédio da vida que leva em Buquira. Planos, como sempre, não faltam: tinha tentado um colégio em Taubaté, planejado um sanatório em São José dos Campos, e agora acalenta a ideia da exploração comercial do Viaduto do Chá: sonha com lojinhas que atraiam os apressados transeuntes, que cruzam de um lado para outro da várzea do Anhangabaú.

Mas são sonhos.

Monteiro Lobato pensa em vender a fazenda, mas passam-se anos até que surja comprador. Este aparece na pessoa de Antônio Leite, que fecha negócio em 1917, o que permite à família Monteiro Lobato, já agora aumentada de

Guilherme (1912) e de Ruth (1916), arrumar as malas e bater a porteira. Na bagagem, e já bem esmerilhados, um punhado de contos.

Depois de brevíssima passagem por Caçapava, Monteiro Lobato, Purezinha e os quatro filhos fixam-se em São Paulo.

Na Pauliceia, Monteiro Lobato continua a colaboração na imprensa: são as páginas do mesmo *O Estado de S. Paulo* que, em 20 de dezembro de 1917, estampam outro texto de Monteiro Lobato quase tão polêmico quanto o "Velha praga" de 1914. Trata-se agora de uma crítica desfavorável à exposição de uma pintora estreante, Anita Malfatti, discípula do Modernismo europeu. A liberdade de suas cores e a inovação de seu traço desagradam a Monteiro Lobato, que, embora ressalvando o talento da artista, condena sua *atitude estética forçada, no sentido das extravagâncias de Picasso & Companhia.*

Desse gesto nasce um desencontro histórico.

De um ponto de vista oposto ao de Monteiro Lobato, outro jovem — Oswald de Andrade — em outro jornal (o *Jornal do Comércio*) elogia o modernismo de Anita. Foi o que bastou: esse desencontro de opiniões explica as relações de ignorância e de desconfiança mútuas que entre si mantiveram, de um lado, a turma de Oswald, líder do modernismo paulista de 22 e, de outro, Monteiro Lobato, da turma do eu sozinho nos explosivos arredores da Semana de Arte Moderna.

Em maio de 1918, Monteiro Lobato compra a prestigiosa *Revista do Brasil.*

Fundada em 1916, a revista já incluía Monteiro Lobato entre seus colaboradores mais assíduos, assinando contos e artigos sobre pintura[1]. Comprar a *Revista do Brasil* parece ter sido uma iniciação simbólica: passo audacioso e definitivo para a transformação do escritor Monteiro Lobato no escritor-editor que inaugura a marca editorial *Monteiro Lobato* com o livro de contos de sua autoria *Urupês*, lançado no mesmo ano de 1918.

Na direção da revista, Monteiro Lobato já demonstra o espírito empreendedor moderno e vigoroso que ao longo de toda sua vida vai marcar sua atividade de empresário da cultura: para recuperar a *Revista do Brasil*, Monteiro Lobato investe na divulgação, multiplica os assinantes, tornando, enfim, comercialmente lucrativo um empreendimento que era deficitário.

5

Logo que chega a São Paulo, Monteiro Lobato amiúda sua colaboração na imprensa e organiza, para o jornal *O Estado de S. Paulo,* uma pesquisa sobre o saci-pererê. Empolga-se com o assunto e transforma o resultado num livro de trezentas páginas. Com uma bela capa vermelha de Wash Rodrigues (reproduzida na figura 8), impresso à custa do próprio Lobato e com vários anúncios que ajudavam a financiar a impressão, o livro é assinado com o pseudônimo de Demonólogo Amador. Contém depoimentos de leitores, "causos", reprodução de quadros e de esculturas e partituras de música.

Arrebatou os leitores, que por certo se reconheciam nos narradores e nas personagens dos "causos" que liam.

O sucesso comercial do empreendimento fortalece o projeto de Monteiro Lobato de ganhar dinheiro com livros. Ou seja: amadurecia e expandia-se para o campo da cultura aquele impulso pragmático que já tinha inspirado o menino Juca a trocar o nome José Renato por outro mais compatível com as iniciais em ouro da bengala que, cedo ou tarde, herdaria do pai…

Como editor, Monteiro Lobato pensa em publicar os amigos: Godofredo Rangel, Ricardo Gonçalves e Waldomiro Silveira, escritor santista que Monteiro Lobato admirava muito. Mas, embora tivesse consultado os amigos e encarregado o cunhado Heitor de sondar Waldomiro, acaba inaugurando a firma com obra da própria lavra: reúne no volume *Urupês* contos seus já publicados em revistas e acrescenta como fecho do livro o artigo homônimo que, justificando o título (o livro era para ser batizado *Dez mortes trágicas*), promete trazer para a obra inaugural da editora o prestígio e interesse que o artigo provocara quando publicado na imprensa.

E Monteiro Lobato não se engana.

O lançamento de *Urupês* é um sucesso sem precedentes. Tem excelente aceitação, esgota em um ano milhares de volumes e confirma a importância de um esquema alternativo de distribuição de livros, uma vez que a rede de livrarias do país era (e continua sendo!) muito precária. Anos mais tarde, reconstituindo os passos destes primórdios de sua atividade e que encaminharam a indústria editorial brasileira nos rumos da modernidade, Monteiro Lobato evoca em uma entrevista a *Prefácios e entrevistas* seu "ovo de Colombo":

"Impossível negócio desse jeito — assim privado de varejo. Mercadoria que só dispõe de quarenta pontos de venda está condenada a nunca ter peso no comércio de uma nação. Temos de mudar, fazendo uma experiência em grande escala, tentando a venda do livro no país inteiro, em qualquer balcão e não apenas em livraria. Mandamos uma circular a todos os agentes de correio, pedindo a indicação de uma casa, de uma papelaria, de um jornalzinho, de uma farmácia, de um bazar, de uma venda, de um açougue, de qualquer banca, em suma, em que também pudesse ser vendida uma mercadoria denominada *livro*. Os agentes assustaram-se e responderam. Completando a consulta feita com outras a prefeitos e o diabo, conseguimos mil e duzentos nomes de casas comerciais recomendadas como relativamente sérias. Redigi então a circular que iria constituir a pedra básica da indústria editora brasileira (...)

'Vossa Senhoria tem o seu negócio montado e quanto mais coisas vender, maior será o seu lucro. Quer vender também uma coisa chamada livro? Vossa Senhoria não precisa inteirar-se do que essa coisa é. É um artigo comercial como qualquer outro, batata, querosene, ou bacalhau. E como Vossa Senhoria receberá esse artigo em consignação, não perderá coisa alguma no que propomos. Se vender os tais livros, terá uma comissão de 30%; se não vendê-los, no-los devolverá pelo correio, com o porte por nossa conta. Responda se topa ou não.'

Todos toparam e nós passamos de quarenta vendedores, que eram as livrarias, para mil e duzentos pontos de venda, fosse livraria ou açougue".

Sucedem-se outros lançamentos seus e de amigos, sempre com sucesso. Ao longo desta experiência, vai se manifestando uma filosofia editorial moderna que pode ser acompanhada na assídua correspondência com Godofredo Rangel. Nessa época, as cartas de Monteiro Lobato registram os impasses, indecisões, escrúpulos e sustos de um escritor travestido de editor e aos poucos testemunham o nascimento de um editor ousado, inventivo e sob medida para o país que modernizava sua cultura a partir da mesma São Paulo onde se instalara Monteiro Lobato.

Por detrás de sua mesa de proprietário da *Revista do Brasil* (chancela sob a qual editou as primeiras obras), entre partidas de xadrez e conversas sobre obras e autores, Monteiro Lobato começa a conceber a literatura também como mercadoria, incluindo e privilegiando no enfoque que dá aos livros a perspectiva editorial, isto é, a de quem *banca* a publicação da obra, tornando-se intermediário entre o fornecedor de uma das matérias-primas do livro (o escritor) e o consumidor do produto (o público).

Nesse rumo, Monteiro Lobato aprende a importância da embalagem e do rótulo. (As figuras 9, 10, 11 e 12 reproduzem capas e quartas capas que ilustram esta tendência.)

Já tinha, por exemplo, substituído o planejado título *Dez mortes trágicas* de sua obra de estreia por *Urupês;* e na substituição (sugerida por Artur Neiva, numa viagem de inspeção sanitária a Iguape) não pesou pouco o argumento de que sendo *Urupês* título de um artigo de Monteiro Lobato de grande repercussão, poderia levar para o livro que batizava o entusiasmo (e os mil réis…) do público que o tinha aplaudido nas páginas de *O Estado de S. Paulo.*

Monteiro Lobato aprendeu bem a lição.

Anos mais tarde inclui, entre as causas prováveis do fracasso de um livro de Lima Barreto, o título do romance, pouquíssimo sugestivo em sua opinião.

Monteiro Lobato preocupa-se — e muito — com a materialidade dos livros de sua editora. Investe na qualidade gráfica dos volumes, moderniza as capas, encomenda desenhos especiais para ilustração[2] e faz o possível para que o lançamento de seus editados seja acompanhado de resenhas e de críticas na imprensa. Paralelamente a estas providências que toma enquanto editor, em suas discussões sobre livros começa a tomar corpo uma linguagem comercial entretecida de metáforas econômicas que não o abandonarão jamais. Vão segui-lo pelo resto da vida, não obstante a leve dor na consciência que de vez em quando provocam.

6

A mudança de papéis vividos por Monteiro Lobato é paulatina e irreversível.

Foi primeiro aprendiz de escritor, colaborador de jornaizinhos estudantis e insignificantes. Depois, escritor de verdade, colaborador de jornais e revistas de prestígio. Depois escritor-editor de si mesmo, e finalmente editor de obras alheias. A travessia de um polo a outro não se fez sem impasses, hesitações, remorsos. Os sentimentos de Monteiro Lobato em face da sua própria trajetória são ambíguos e complexos, fraternalmente compartilhados com Godofredo Rangel na correspondência entre ambos, e expressam-se em linguagem onde transparece, de forma cada vez mais visível, o lastro pragmático do editor que quase não deixa espaço para a utopia do escritor.

Em carta de 20 de fevereiro de 1919 é retórica e ingênua a autocrítica que Monteiro Lobato faz:

"... que sórdido fiquei! Como estou traindo o Ricardo! *Olegário Ribeiro, Lobato & Cia. Ltda.* — vê que horror!

Meu nome, que aparecia no alto dos livros ou embaixo de artigos virou agora objeto de registro na Junta Comercial".

Dois anos depois, em 30 de maio de 1921, acredita que o impasse que vive entre a imagem nostálgica do escritor e a prática do editor é provisório, questão a ser resolvida com o tempo:

"A minha obra literária, Rangel, está cada vez mais prejudicada pelo comércio. Acho que o melhor é encostar a coitadinha e enriquecer; depois de rico, e, portanto, desinteressado do dinheiro, então desencosto a coitadinha e continuo. E não será longo o encostamento — uns três anos, a avaliar pela violência com que esse negócio cresce".

Um pouco mais tarde vem a constatação do irremediável, não sem uma pontinha de nostalgia que, já presente num texto de 30 de agosto de 1924, fica ainda mais aguda em 7 de outubro do mesmo ano:

"Que saudades do tempo em que eu também lia! A engrenagem não dá folga para coisa nenhuma intelectual. Acabarei esquecendo até o alfabeto".

"De fato, meu caro, já passei literariamente, e estou com a vida oca, porque era a literatura que a enchia. E por mais que me comercialize e industrialize, não há tapar o vácuo."

De qualquer forma, é progressiva e irremediável a consciência de Monteiro Lobato da diversidade (e contradição?) de interesses entre escritor e editor, isto é, entre o produtor de textos e o empresário de livros. Ao longo de sua vida delineia-se também uma concepção de livro cuja inspiração capitalista traduz-se nas metáforas com que Monteiro Lobato fala da própria obra e das que edita, metáforas a que permanecerá fiel pelo resto da vida.

Nesta linguagem, os livros filtram-se em imagens de produção, de lucro, de ganho.

Em 20 de fevereiro de 1919, a propósito de sua editora, diz a Rangel:

"Somos uma leiteria com várias vacas lá fora. Você é uma delas. Temos aqui um leite que você produziu, chamado Tatá — que nunca sai porque nunca há espaço.
É um leite muito grande — é toda uma lata de leite. Você é vaca holandesa, das que dão leite demais, e dão leites muito compridos. Se puder meter a tesoura nesse conto e reduzi-lo a dois ou três, seria ótimo".

Mais de vinte anos depois, em 1946, na Argentina, com sua obra consolidada e já desalojado do posto de principal editor do país mas também já alçado ao posto de modernizador da indústria editorial brasileira, e sobretudo de criador da literatura infantil, Monteiro Lobato traduz sua própria produção num código pecuário:

"Cada livro considero uma vaca holandesa que me dá o leite da subsistência. O meu estábulo no Brasil conta com 23 cabeças no Octales, mais 12 na Brasiliense e mais as 30 obras completas. Total: 65 vacas de 40 litros. E o meu estábulo na Argentina conta com 37 cabeças. Grande total, lá e cá: 102 cabeças".

Este modo de falar de livros não é comum na tradição literária brasileira. Nem tampouco é só *modo de falar*. É também um *modo de fazer*. A concepção utilitária que anima esta linguagem manifesta-se também no *modo de produção* da obra lobatiana. Este modo de produção aproxima-se, às vezes, do que ele chama de *elaboração experimental*.

"Lanço agora um verdadeiro filhote de livro — Negrinha — para fazer uma experiência: se vale mais a pena lançar livros inteiros a 4 mil réis ou meios livros a 2$500."

Outras vezes, o modo de produção incorpora formas de *merchandising* de si mesmo, refletidas, por exemplo, no entusiasmo com que Monteiro Lobato saúda o fato de seus textos serem cobiçados por outras mídias, como sucedeu em 1919, quando *Os faroleiros, O estigma, Bocatorta* e *O comprador de fazendas* são cogitados para roteiro da incipiente indústria cinematográfica brasileira.

No mesmo sentido apontam as considerações de Monteiro Lobato a respeito da importância da censura e do escândalo como fatores de venda de um livro, como faz a partir de *País do ouro e da esmeralda,* livro aparentemente sob a mira da censura e que editou em 1921. Indício semelhante se encontra também nas considerações de Monteiro Lobato sobre as vantagens de ter um negro entre seus editados[3].

Mas, de certa forma, todas estas representações que a literatura passa a ter na voz e na prática de Monteiro Lobato condizem bem com o primeiro quartel do século vinte, quando o Brasil timidamente se moderniza, e se moderniza numa direção nitidamente capitalista.

Fig. 1
Para a personagem menina do belíssimo conto "Felicidade clandestina" de Clarice Lispector, o livro *As reinações de Narizinho* era um deslumbramento. "(...) livro grosso, Meu Deus, era um livro para se ficar vivendo com ele, comendo-o, dormindo-o."

Fig. 2
Em 1967, a Mangueira homenageou Monteiro Lobato com um samba-enredo de Batista da Mangueira, Darcy e Luis. As numerosas línguas para as quais Monteiro Lobato foi traduzido — a edição russa cuja capa está acima reproduzida é uma raridade — justificam a celebração:
" Glória a este grande sonhador
que o mundo inteiro deslumbrou
com suas obras imortais".

Fig. 3
Perfil da São Paulo à qual Monteiro Lobato chegara dois anos antes, quando registrava em deliciosa e enigmática carta à sua mãe que "Aqui cheguei são e salvo às 12 horas. Fiz tudo o que a senhora me encomendou: as frutas-de-conde ainda não estão maduras; o doutor ainda não veio; no mais tudo está feito."[1]

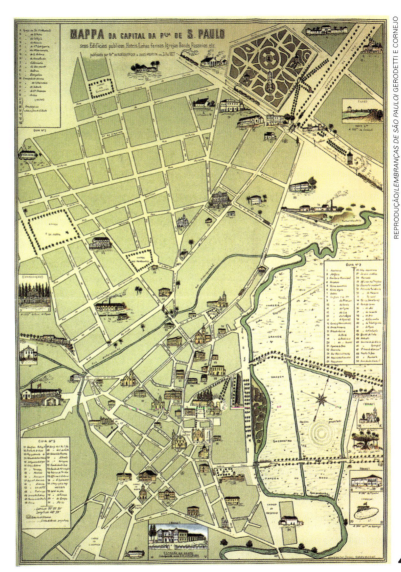

Fig. 4
Este mapa é sugestivo da São Paulo com a qual Monteiro Lobato, por volta de 1895, dizia já estar familiarizado: "Já conheço um pouco de São Paulo. Já vou sozinho à casa do Dr. Rodrigo, à rua Direita, à Academia, à casa de Getúlio."[2]

5

Fig. 5
Foto da fazenda São José do Buquira tirada por Monteiro Lobato. O interesse dele pela fotografia é outro índice de sua sintonia com os tempos modernos.

Fig. 6
As cores amenas e a delicadeza com que Monteiro Lobato pintou esta casa cabocla contrastam com as expressões duras e amargas com que em *Velha praga* (artigo de 1914) comenta que "(...) uma choça, que por eufemismo chamam casa, brota da terra como um urupê. Tiram tudo do lugar, os esteios, os caibros, as ripas, os barrotes, o cipó que os liga, o barro das paredes e a palha do teto. Tão íntima é a comunhão dessas palhoças com a terra local, que dariam ideia de coisa nascida do chão por obra espontânea da natureza — se a natureza fosse capaz de criar coisas tão feias"[3].

6

Fig. 7
Foto de Mazzaropi caracterizado de Jeca Tatu.

Fig. 8
Assim se anuncia a pesquisa da qual resultou o livro *O sacy Pererê*: "*O Estadinho* inaugura hoje uma série de estudos em que todos são chamados a colaborar. Abre um inquérito ou 'enquete' como diz o Trianon na sua meia língua.
Sobre o futuro presidente da República? Não.
Sobre o Sacy."[4]

Fig. 9
A capa simples, em duas cores, e o formato de *Narizinho arrebitado*, livro produzido por Monteiro Lobato para "uso das escolas", são muito semelhantes às capas e ao formato de obras amplamente utilizadas nas salas de aula brasileiras, nas décadas de 1910 e 1920, como *Coração*, do italiano Edmondo de Amicis, e *Saudade*, do paulista Thales de Andrade.

Fig. 10
A versão de *A menina do narizinho arrebitado* não dirigida ao público escolar era em formato grande, com ilustrações coloridas e em papel de melhor qualidade. Era identificada como "álbum colorido" na quarta capa de edições da Monteiro Lobato Editora, sendo utilizada, assim, como um catálogo da empresa.

Figs. 11 e 12
O capricho das capas das obras que Monteiro Lobato editou sugere ampla e precoce compreensão da importância da materialidade dos livros nos percursos da leitura.

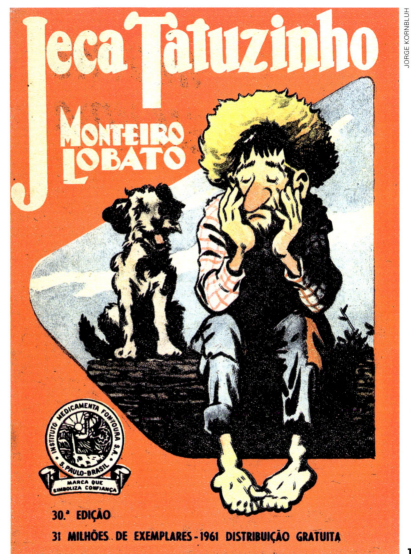

Fig.13
Nesta obra, Monteiro Lobato reescreve seu julgamento do caipira paulista: o Jeca não é vadio, está doente.

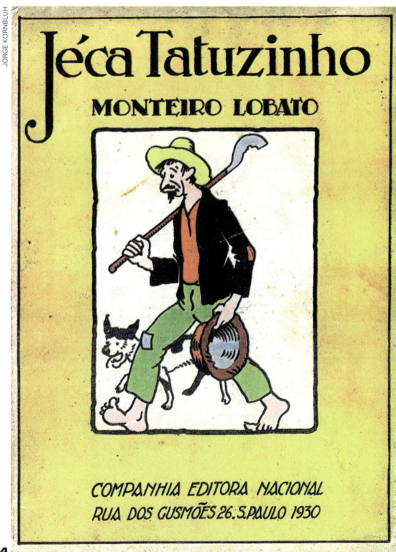

Fig. 14
De carona na nascente indústria farmacêutica brasileira — no almanaque dos produtos Fontoura (hoje Wyeth-Fontoura) — a história do Jeca Tatuzinho foi lida por milhões de brasileiros. O texto de Monteiro Lobato ajudava a vender Biotônico e Ankilostomina, remédios tão populares quanto a personagem que os vendia.

15

Figs. 15, 16 e 17
Em carta ao amigo Godofredo Rangel, Monteiro Lobato faz blague com a situação paulista:
"S. Paulo, 30.07.1924
Rangel: Uf! Felizmente nada de grave nos aconteceu. Todos os cães estão vivos. Lá nas nossas oficinas da rua Brigadeiro, só duas granadas legalistas e marcas dumas 200 balas de carabina."[5]

16

17

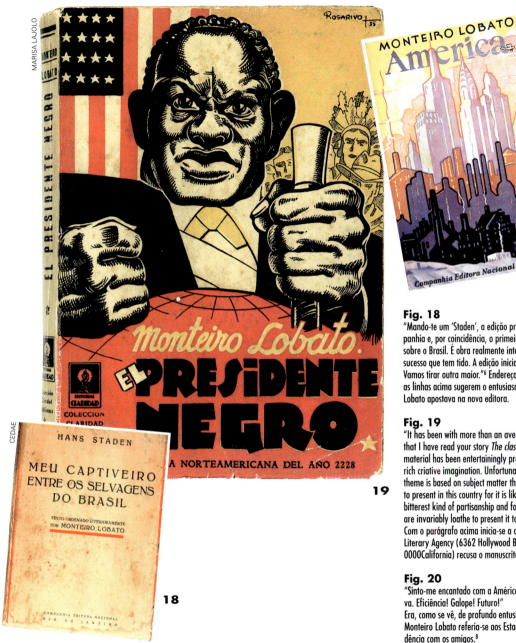

Fig. 18
"Mando-te um 'Staden', a edição primogênita da nova companhia e, por coincidência, o primeiro livro que se publicou sobre o Brasil. É obra realmente interessante e merecedora do sucesso que tem tido. A edição inicial é de 3 mil e está no fim. Vamos tirar outra maior."[6] Endereçadas a Godofredo Rangel, as linhas acima sugerem o entusiasmo com que Monteiro Lobato apostava na nova editora.

Fig. 19
"It has been with more than an average degree of interest that I have read your story *The clash of the races* for the material has been entertainingly presented and indicates a rich criative imagination. Unfortunately however, the central theme is based on subject matter that is particularly difficult to present in this country for it is likely to awaken the bitterest kind of partisanship and for that reason publishers are invariably loathe to present it to the reading public."
Com o parágrafo acima inicia-se a carta com a qual a Palmer Literary Agency (6362 Hollywood Blvd, Hollywood, 0000California) recusa o manuscrito de ***O choque das raças***.[7]

Fig. 20
"Sinto-me encantado com a América. O país com que sonhava. Eficiência! Galope! Futuro!"
Era, como se vê, de profundo entusiasmo o tom em que Monteiro Lobato referia-se aos Estados Unidos em correspondência com os amigos.[8]

49

Fig. 21
Monteiro Lobato não poupa esforços para arregimentar parceiros para seu projeto, como se vê pela carta dirigida ao jornalista Assis Chateaubriand:
"Meu caro Assis:
Você que é homem de todas as curiosidades, por que ainda não voltou a atenção por um minuto para a obra maravilhosa que nós, meia dúzia de loucos, estamos fazendo para que o petróleo jorre ainda este semestre?"[9]

Fig. 22
Obra de 1937, *O poço do visconde* representa, na ficção do sítio do Picapau Amarelo, um final feliz para a campanha que, na vida real, Monteiro Lobato liderava em defesa de uma política nacionalista para o petróleo. O livro se encerra celebrando a abertura de um poço nas terras de Dona Benta:

Salve! Salve! Salve!
Deste abençoado poço
Caramingá no. 1
a 9 de agosto de 1938
saiu, num jato de petróleo
a
**INDEPENDÊNCIA ECONÔMICA
DO BRASIL**[10]

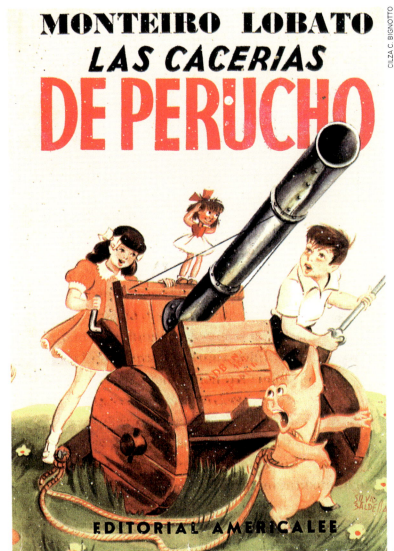

Fig. 23
O crítico literário brasileiro Brito Broca, em viagem jornalística à Argentina, registra:
"… os livros infantis de Lobato são hoje vistos em todas as mostras de livrarias em Buenos Aires, e não há escritor argentino que o desconheça."[11]

Fig. 24:
Em *Zé Brasil*, texto de 1947, Monteiro Lobato faz rigorosa e irônica autocrítica das posições que assumira anteriormente em face do caipira paulista:
"A gente da cidade — como são cegas as gentes das cidades!... Esses doutores, esses escrevedores nos jornais, esses deputados, paravam ali a criar só crítica: vadio, indolente, sem ambição, imprestável... não havia o que não dissessem do Zé Brasil."[12]

7

A aventura editorial torna Monteiro Lobato um cidadão urbano e cosmopolita. Sua vida interiorana fica para trás, encerrada com a venda da fazenda Buquira.

Mas o mesmo não sucede com sua personagem, o Jeca Tatu.

Ao longo de toda a vida do escritor, depois de sua morte e mesmo até hoje, a imagem do Jeca continua a espreitar seu criador em reaparições luminosas e esporádicas. O Jeca volta e meia ressurge no cenário nacional — ainda que à revelia de seu criador — reacendendo velhas polêmicas.

Na esteira do artigo de Monteiro Lobato, Ildefonso Albano e Rocha Pombo, por exemplo, ao Jeca Tatu opilado, opõem, respectivamente, *Mané Chique-Chique* e *Juca Leão,* caipiras também, mas personagens de extração ufanista.

A voz possante de Rui Barbosa retoma a imagem do caipira de cócoras e a amplifica do alto da tribuna eleitoral. O Jeca revive depois com Miguel Pereira, que o menciona nas campanhas sanitaristas que lidera e que Monteiro Lobato secunda na imprensa. E revive 25 anos mais tarde, em 1945, quando Oswald de

Andrade, no discurso de encerramento do 1º Congresso Brasileiro de Escritores, faz dele metáfora da nacionalidade numa espécie de apaziguamento tardio das conturbadas relações entre os modernistas de 22 e Monteiro Lobato.

Por ocasião das campanhas de saneamento, o próprio Monteiro Lobato retoma sua criatura, passando a limpo o velho Jeca, compreendendo-o agora à luz de um outro contexto: o da saúde pública brasileira, corroída pelas endemias.

"O Jeca não é assim, está assim" é a forma lapidar que resume o reequacionamento lobatiano da questão.

Em uma série de artigos publicados em *O Estado de S. Paulo,* e em 1918 enfeixados no livro *O problema vital* (que contou com o patrocínio da Sociedade de Eugenia de São Paulo e da Liga Pró-Saneamento do Brasil), Monteiro Lobato denuncia a ancilostomose, a leishmaniose, a subnutrição e a tuberculose como causas da miséria do caipira paulista.

O conjunto de artigos denuncia a precariedade da saúde pública brasileira e defende a campanha sanitarista liderada por Miguel Pereira, Belisário Pena e Artur Neiva. Suas entrelinhas representam também uma autocrítica deste Monteiro Lobato ao Monteiro Lobato anterior, que em 1914 não soubera compreender o caboclo incendiário de Buquira.

O Monteiro Lobato de agora, como registra em *O problema vital,* sabe que seu injustiçado Jeca representa

"... milhões de criaturas que no meio de uma natureza forte e rica songamongam rotos, esquálidos, famintos, doridos, incapazes de trabalho eficiente, servindo apenas de pedestal aos gozadores da vida que literatejam e politicalham nas cidades bradando para o interior inânime (*sic*):
— Indolentes! Vede como prospera o italiano e o português!"

No conjunto de artigos, a clareza sem meias palavras com que Monteiro Lobato denuncia a realidade sanitária brasileira de novo atrai contra ele a sanha dos patrioteiros. Num jornal do interior paulista, um articulista dá voz a essa estreita e equivocada visão de Pátria, acusando Monteiro Lobato de

"enxovalhar seus patrícios, para amesquinhar, reduzir, degradar o que há de mais santo, de mais puro e respeitável no âmbito da Pátria".

Para os pais da pátria da época, qualquer imagem menos idílica do Brasil é um crime e como antídoto — ainda que inconsistente — ao realismo lobatiano, surgem "pérolas" como o livro intitulado *De pé, Jeca Tatu* do qual vem o texto a seguir, primor de inconsistência e oportunismo.

"Vivendo na plena liberdade do sertão, envolto nesse imenso amplexo da natureza amiga, sem preocupações com o dia de amanhã, ora de cócoras a descansar, ora em movimento para atender as solicitações da existência, lá vai ele seguindo sem empurrões, o suave caminho de seu destino.
Jeca Tatu ignora a cidade, o alfabeto, a imprensa, e a civilização.
Todos estes fatores de intriga, de calúnia, de perversidade, de covardia, fermentam longe, muito longe, para além daquelas últimas serranias azuis."

"Todos os governos reunidos e dispondo do mais aperfeiçoado aparelhamento de engenharia e higiene jamais poderiam vencer as hostilidades mortíferas daquelas regiões, sem sacrifício da saúde e da vida.
Sacrifício interesseiro nadando em rios de ouro orçamentário.

Nem com tal sacrifício teriam os homens civilizados a constância secular destes sertanejos destinados pela providência para os grandes martírios voluntários, que sempre precedem ao desdobrar do direito e da justiça."

A resposta de Monteiro Lobato a todas estas campanhas é uma de suas histórias mais populares: o *Jeca Tatuzinho*, que coroa e encerra sua participação na campanha sanitarista. (As figuras 13 e 14 reproduzem capas de diferentes edições desta obra.)

Jeca Tatuzinho é uma espécie de folhetim: narra a história do Jeca que, curado da ancilostomose, enriquece e torna-se apóstolo da higiene e do progresso. Torna-se *coronel* e expande sua propriedade. A trajetória deste Jeca, da doença à riqueza, inverte a trajetória do Jeca anterior, que atribuía à preguiça e à indolência a baixa produtividade do trabalhador rural.

Este texto lobatiano, de altíssima comunicabilidade, tornou-se peça publicitária do Biotônico Fontoura, o que responde por sua grande popularidade. No almanaque Fontoura, a história do Jeca redimido pela indústria farmacêutica teve sua circulação muito ampliada.

Na aliança de vermífugos e fortificantes com a velha e popular figura do Jeca, Monteiro Lobato e Fontoura fundam outra aliança: além de velhos amigos tornam-se ambos pioneiros da indústria brasileira: um — Monteiro Lobato — da indústria dos livros; outro — Fontoura — da dos remédios. Na passagem do texto do jornal para o almanaque, substitui-se a medicina caseira da erva-de--santa-maria (na versão original) pela Ankilostomina e pelo Biotônico, o que traz para o currículo de Monteiro Lobato a experiência da publicidade, outro índice de modernidade.

Mas haverá ainda outro (e definitivo) encontro de Monteiro Lobato com seu Jeca.

Nos anos quarenta, o antigo caboclo incendiário e vadio de 1914, já curado e fortalecido nos anos 20, ressurge na pena lobatiana, num terceiro contexto, muito mais concreto. A aparição final do Jeca lobatiano, rebatizado de Zé Brasil, ocorre no horizonte do modelo econômico brasileiro, da propriedade da terra, da questão rural, da política agrária, das organizações de esquerda.

8

Cintila por alguns anos uma estrela benéfica sobre a carreira editorial de Monteiro Lobato.

O negócio se amplia, ele pensa em associar-se a outros empresários, em fazer parceria com uma empresa editorial argentina, em aumentar o capital. Octales Marcondes, parente afastado que trabalhava com ele, de empregado transforma-

-se em sócio da editora. A firma se expande e se desdobra, chegando a anexar um setor gráfico para o qual são importadas máquinas modérnissimas.

Mas o ímpeto empresarial moderno de Monteiro Lobato tropeça na turbulência dos anos 20 paulistas.

A Editora da *Revista do Brasil*, desdobrada na Monteiro Lobato & Cia. e depois na Companhia Gráfico-Editora Monteiro Lobato, acaba falindo. A falência tem várias causas, e nenhuma delas pode ser atribuída a Monteiro Lobato. Sua editora quebra em virtude da revolução de 1924 que paralisa São Paulo (as figuras 15, 16 e 17 reproduzem cenas da época), de prolongada estiagem que raciona a energia elétrica e da política econômica que impõe restrições progressivas ao crédito.

A falência da Gráfica Editora Monteiro Lobato não interrompe o projeto editorial que a firma representava: de seus escombros e da garra de seu ex-proprietário nasce em 1925 a Companhia Editora Nacional, em cujo capital entram cem contos apurados por Lobato e Octales na venda de uma casa lotérica que possuíam no centro de São Paulo.

Está fundada a pioneira das grandes editoras modernas brasileiras.

Octales Marcondes cuida da parte administrativa, e Monteiro Lobato da parte editorial. Monteiro Lobato vai para o Rio de Janeiro, onde reside por algum tempo na Rua Professor Garbizo. De lá continua a prestar contas de sua vida em cartas a seus correspondentes mais fiéis: o velho amigo Godofredo Rangel e o cunhado Heitor. Em São Paulo, à testa dos negócios, Octales imprime o primeiro livro da nova editora: *Hans Staden: meu cativeiro entre os selvagens do Brasil*, "texto ordenado literariamente por Monteiro Lobato" (a figura 18 reproduz a capa desta edição).

É, no entanto, entre a fundação e a falência da Editora que levava seu nome, que Monteiro Lobato engendra sua mais bela invenção: o Sítio do Picapau Amarelo, cuja história começa a circular em 1921, ano da publicação de *A menina do narizinho arrebitado*, antecipada pela divulgação de alguns trechos da história na *Revista do Brasil*.

Monteiro Lobato transfere para o gênero infantil que inaugura o *know-how* adquirido e o sucesso conseguido com livros não infantis.

A história de Dona Benta, aquela velha de mais de sessenta anos, óculos de ouro no nariz, que mora na companhia da mais encantadora das netas, mergulha na eternidade. Junto com ela, tia Nastácia, Emília, Pedrinho e Visconde insuflam vida nova às personagens com que contracenam, imprimindo dimensão fantástica ao cenário brasileiro do sítio. Ao desdobrar-se nas aventuras contadas nos livros que até o fim da vida Monteiro Lobato publicou aqui e na Argentina, o sítio do Picapau Amarelo marca a imaginação de gerações e gerações de brasileiros[4].

Com esse sítio, Monteiro Lobato inaugura a literatura infantil brasileira.

O surgimento de livros para crianças pressupõe uma organização social moderna, por onde circule uma imagem especial de infância: uma imagem da infância que veja nas crianças um público que, arregimentado pela escola, precisa ser iniciado em valores sociais e afetivos que a literatura torna sedutores. Em resumo, um público específico, que precisa de uma literatura diferente da destinada aos adultos.

É, pois, como iniciador no Brasil, da literatura para crianças, que Monteiro Lobato acrescenta mais um ponto a seu currículo.

A obra infantil lobatiana é um projeto literário e pedagógico sob medida para o Brasil que a viu nascer e multiplicar-se ao longo de mais de vinte anos. Monteiro Lobato aposta alto na fantasia, oferecendo a seus leitores modelos infantis — as personagens — cujas ações se pautam pela curiosidade, pela imaginação, pela independência, pelo espírito crítico, pelo humor[5].

Depois do estrondoso sucesso de seu primeiro lançamento para crianças, Monteiro Lobato confirma a importância da escola e do estado na difusão da leitura. Juntando ambos, não hesita em fazer da escola seu trampolim temporário, ainda que seus livros denunciem sistematicamente a burocracia do estado e a chatice da escola brasileira de seu tempo. De uma forma tão simples como a circular pela qual organizara uma rede alternativa para a distribuição dos livros não infantis de sua editora, Monteiro Lobato fez escoar através da escola os muitos milhares que imprevidente mas premonitoriamente fizera imprimir do livro *Narizinho arrebitado*.

Distribuindo a escolas públicas paulistas quinhentos livros, Monteiro Lobato consegue vender trinta mil exemplares ao governo estadual. O governador paulista — Washington Luís —, ao visitar escolas em companhia de Alarico Silveira, secretário da educação e amigo de Monteiro Lobato, sensibilizou-se ao ver aquele livrinho tão surrado pelo uso e fez compra grande.

Mas o sucesso da obra infantil lobatiana vai além da carona que seu primeiro livro pega numa compra oficial.

Monteiro Lobato não economiza esforços para conhecer, satisfazer e inclusive ultrapassar as expectativas do público que pretendia para seus livros. Ele lê e discute seus livros com a mulher e com os filhos, e manda originais para o amigo Godofredo Rangel, pedindo-lhe que os dê a ler a seus alunos para ver se as histórias agradam às crianças.

Na mesma busca de sintonia com seu tempo, não deixa de incorporar às histórias que inventa um lastro sólido de informações, muitas vezes coincidentes com o currículo escolar. Assim, em vários de seus livros, encontramos uma escola alternativa, onde Dona Benta desempenha o papel de professora.

Particularmente nas obras produzidas nos anos 30, o sítio se transforma numa grande escola, onde os leitores aprendem desde gramática e aritmética até geologia e o bê-á-bá de uma política nacionalista de petróleo.

No conjunto destes livros, as críticas à escola são frequentes e impiedosas, mas nem por isso comprometem — antes reforçam — o valor formativo da obra infantil lobatiana. Se seus livros têm alguma grande lição, csta é a da irreverência, da ironia, da leitura crítica e do questionamento, da independência e do absurdo.

Ao mesmo tempo que profundamente enraizada na realidade cultural brasileira, a obra infantil de Monteiro Lobato transcende os limites do ruralismo, transfigurando o sítio — metáfora do Brasil? — em território livre, onde tudo é permitido.

Lá, nas terras de Dona Benta, o Brasil arcaico de Tia Nastácia, de Tio Barnabé e do coronel Teodorico funde-se com o Brasil moderno que encontra petróleo, fala ao telefone e viaja à Lua. No mesmo compasso, o sítio acolhe antropofagicamente personagens das tradições mais diversas, como heróis gregos, o Pequeno Polegar, Popeye e D. Quixote.

Tradutor e adaptador inclusive para o público infantil de várias obras estrangeiras[6], Monteiro Lobato consegue extraordinários efeitos de sentido ao fazer contracenar num cenário de jabuticabeiras, pintos-sura e ex-escravos pitando cachimbo tanto personagens fundadores da literatura infantil ocidental como Cinderela, Branca de Neve e Chapeuzinho Vermelho, como personagens da literatura infantil estrangeira contemporânea sua como Alice e Peter Pan.

Além disso, coloquializando a linguagem, Monteiro Lobato rompe em definitivo com a linguagem da literatura infantil brasileira anterior a ele. Em vez da impostação modelar de voz que narra às crianças, o narrador de Monteiro Lobato manifesta o gosto moderno pela oralidade, pelo despojamento sintático, pela criação vocabular.

Este acentuado compromisso de Monteiro Lobato com a modernidade em várias de suas manifestações desenvolve-se paralelamente à percepção do conservadorismo das instituições *família* e *escola,* pelas quais passa necessariamente o livro infantil antes de chegar às mãos de seus leitores. Tal intuição talvez explique a manutenção, em seu primeiro livro para crianças, de acentuadas semelhanças gráficas com as obras infantis de João Kopke e Thales de Andrade, até então *best-sellers* no gênero.

Fortalecendo ainda mais o perfil moderno de Monteiro Lobato, seus livros infantis constituem uma série, ao que tudo indica fator relevante na conquista e manutenção do público: a repetição de um mesmo espaço e de um grupo constante de personagens parece um recurso eficiente quando o que está em jogo é a fidelidade dos leitores.

Nesta linha, a obra infantil de Monteiro Lobato estende-se por muitos títulos, sempre mencionando outros livros, próprios e alheios, onde uma história faz referência a outra, sublinhando com isso o caráter circular de sua obra, conjunto de livros cuja leitura pode recomeçar infinitamente de qualquer ponto, como sucede hoje com hipertextos.

A corroborar a importância do conceito de *série* na obra infantil lobatiana, *O garimpeiro do Rio das Garças* não foi incluído na *Obra completa* cuidadosamente organizada pelo autor entre 1945 e 1946. O exílio deste volumezinho justifica-se, talvez, exatamente porque ele não se identifica com a série: a história não transcorre no sítio e nenhum habitante do Picapau Amarelo participa dela.

Não obstante esse exílio da obra completa, *O garimpeiro do Rio das Garças* é uma obra de marcas lobatianas muito nítidas. Seu protagonista, João Nariz, evoca Jeca Tatu, mas é um Jeca autônomo e sabido, que, cansado da pobreza, abandona a lavoura e parte em busca de diamantes num garimpo de Mato Grosso. De forma incomum (pelo faro), descobre um enorme diamante que lhe é imediatamente roubado por ladrões cangaceiros.

As peripécias do livro ficam por conta das aventuras de João Nariz para reaver a pedra.

A velocidade das peripécias em que se envolve João Nariz patrocina sequências de um moderníssimo *nonsense,* como quando, por exemplo, um jacaré fica com as calças de João na boca e as leva para sua senhora fazer roupas para os jacarezinhos. Da mesma forma que as histórias do sítio, este livro também sugere a falência da agricultura como meio de vida: à semelhança de Dona Benta, que só enriquece quando encontra petróleo no sítio, João Nariz só melhora de vida quando abandona a roça e vai para o garimpo.

Outra forma ainda de a obra infantil lobatiana sintonizar-se com o ritmo de produção moderna é a regularidade de seus lançamentos. Se a escola é fonte segura para a circulação de livros infantis, outra forma de escoamento desta colorida e atraente mercadoria são os presentes de Natal. E, fiel à agenda deste mercado, Monteiro Lobato registra em inúmeras cartas o acúmulo de serviço que a previsão de lançamentos natalinos acarretava.

Além do respeito aos calendários escolar e natalino, Monteiro Lobato também produziu aos pedaços — parceladamente — muitos de seus livros. Foi assim, por exemplo, com a versão que hoje conhecemos de *Reinações de Narizinho*: só em 1931 esta obra foi editada na formatação atual, a que chegou pela justaposição de vários livrinhos curtos, lançados de forma independente ao longo dos anos 20.

Esta gênese pode ser responsável pela estrutura "aberta" da obra que talvez tenha levado Oswald de Andrade a considerá-la um *não livro*.

A correspondência de Monteiro Lobato aponta para um projetado desdobramento latino-americano da obra infantil de Monteiro Lobato: nas últimas cartas que escreveu anuncia o projeto de escrever a história da América contada pelo vulcão andino Aconcágua aos picapauzinhos, imune, portanto, ao filtro do colonizador branco.

O projeto parece sugerir que o recorte político não foi abandonado nunca e, inclusive, antecipa o surgimento de uma identidade latino-americana que Monteiro Lobato não tem tempo para esculpir.

A literatura infantil foi, pois, um gênero a que Monteiro Lobato dedicou-se ao longo de toda a vida, e é nela que as qualidades de sua obra e seus índices de modernidade são mais visíveis.

Mas sua produção não infantil não é menos moderna e nem foi produzida de maneira muito diferente[7].

O livro *Urupês*, por exemplo, foi montado a partir de uma seleção de contos já publicados em jornais e revistas, elaborados nos tempos em que o fazendeiro Monteiro Lobato encontrava vagares para o ofício de escrever.

Num balanço que faz de sua obra (*Prefácios e entrevistas*), Monteiro Lobato conta que, ao tempo de elaboração de tais contos,

"escrevia unicamente pelo prazer de escrever, sem a menor intenção de dá-los a público, até que uns amigos meus fundaram aqui em São Paulo a *Revista do Brasil*. Pediram-me colaboração. Mandei *Choopan*, título depois mudado para *A vingança da pero-*

ba. Publicaram, gostaram, pediram mais e fui mandando. Eram contos feitos e refeitos por quem dispunha de dias compridíssimos. As horas da fazenda eram enormes, bocejantes, e eu podia fazer e refazer aqueles contos, para matar o tempo. Só os largava quando ficavam em ponto de bala, isto é, quando os considerava definitivos".

Na voz de um editor modernamente pioneiro como foi Monteiro Lobato, este testemunho destila um certo anacronismo nostálgico na expressão *escrever unicamente pelo prazer de escrever*. É como se, empresariando a literatura, transformando-a em mercadoria, Monteiro Lobato caísse na sua própria armadilha...

Também os livros *Cidades mortas* e *Negrinha* resultam da copilação de textos mais antigos e originalmente publicados nas mais diferentes situações. Nos arredores dos anos 20, imerso na vertigem editorial, Monteiro Lobato parece ainda achar tempo para rever sua produção mais antiga, e faltando-lhe material ficcional propriamente novo, começa a publicar seus fundos de gavetas.

E não é só isso.

As sucessivas reedições de sua obra impõem novas organizações ao material nelas aproveitado, gerando deslocamento de textos de um livro para o outro, acréscimo de textos novos, cancelamento de outros, numa instabilidade textual vertiginosa cujo acompanhamento ensina muito sobre o escritor e seu projeto literário.

O resultado de toda esta reescritura é variável.

O leitor percebe que muitos textos *não estão em ponto de bala* mesmo na versão final que vem à luz na década de 40; nessa época, a publicação de suas *Obras completas* pela Editora Brasiliense dá chance ao escritor de uma revisão geral de tudo, com vistas à fixação definitiva de sua obra, por ele mesmo distribuída em duas séries, a infantil e a adulta.

No entanto, por mais polêmica que seja a produção literária lobatiana não infantil, ela representa indisfarçável ruptura com a tradição alambicada e europeizante de boa parte da literatura brasileira do fim do século XIX, prolongada nas primeiras décadas do século XX.

Recortando cenários e personagens de um Brasil rural em extinção, os contos de Monteiro Lobato pautam-se pela oralidade. Nos melhores textos, há sempre um narrador culto que reveste de ironia e metalinguagem a antiga esquizofrenia da intelectualidade brasileira, dividida entre os extremos que batizam nossa cultura: de um lado a tradição escrita, letrada, literarizante. De outro, a oralidade viva e móvel do contexto rural de onde nascem as histórias caipiras. E, se quisermos, podemos ler no lastro dramático e soturno de grande número de seus contos uma representação simbólica do que significava, para o modo de vida do Jeca, a modernização do Brasil.

Não é à toa que o título inicialmente planejado para Urupês era *Dez mortes trágicas*.

Mas é na década de 20 — a mesma na qual o editor Monteiro Lobato edita vorazmente qualquer rabisco do Monteiro Lobato-escritor — que o escritor para adultos ressurge, ainda que meteoricamente.

No Rio de Janeiro, e às vésperas de embarcar para Nova Iorque (onde o esperava o cargo de adido comercial), Monteiro Lobato produz em poucas semanas o folhetim *O choque das raças ou O presidente negro*. Com o subtítulo *Romance americano do ano 2228*, a história é publicada no jornal carioca *A Manhã*.

Algumas marcas do gênero folhetim se fazem presentes nessa obra, como, por exemplo, elaboração e publicação parceladas (sendo a obra só posteriormente reunida num volume único), a dupla titulação e a história dentro da história. A força deste livro deve-se a seu perfil polêmico: ele discute o preconceito racial e estrutura, num formato arcaico como o folhetim, uma narrativa de ficção científica, como Monteiro Lobato gostava de caracterizar esse livro, por ele considerado *romance* à *Wells*. (A figura 19 reproduz a capa da edição argentina do livro.)

O fato, no entanto, de este romance anteceder de pouco a transferência de Monteiro Lobato para os Estados Unidos e os planos que o escritor dizia ter para ele são pouco folhetinescos, e muito pragmáticos.

O choque das raças é um *romance de tese*, no qual máquinas da mais pura ficção científica permitem a um brasileiro bancário e ingênuo — o narrador Airton — testemunhar a *solução final* para os problemas raciais da sociedade norte--americana.

O enredo escandaliza. E entre as razões do escândalo pode se incluir a atualidade da temática, a um tempo em que o conceito de "eugenia" era evocado acima e abaixo do Equador para justificar políticas de exclusão e marginalização.

Sem *happy end*, o livro tem um narrador desinteressado de discutir aspectos éticos da história que conta e parece ter sido planejado por Monteiro Lobato como uma espécie de passaporte para suas pretendidas atividades de escritor e editor nos Estados Unidos.

Com as mesmas intenções e pela mesma época, Monteiro Lobato publica uma série de artigos sobre Henry Ford. Em várias cartas desse tempo, inclusive em algumas enviadas de Nova Iorque, Monteiro Lobato confessa as esperanças que punha n'*O choque das raças*, como chave para seu ingresso no mercado editorial norte-americano, onde pretendia fundar a Tupy Publishing Company.

Assim, no projeto que Monteiro Lobato tem para *O presidente negro* não há mais lugar para a imagem ingênua do escritor para quem a produção de um texto corresponde a uma necessidade de expressão íntima, como reza a tradição romântica. Pois, por mais que *O presidente negro* apresente elementos fundamentais para o estudo das ideias lobatianas a respeito de sociedades melhores e piores (e nesse sentido, o rótulo *romance de tese* lhe cai como luva), esse romance foi feito sob medida, de acordo com a imagem que Monteiro Lobato tinha do público norte-americano.

Fiel a este projeto no qual a Literatura já é mercadoria, Monteiro Lobato, em face das primeiras dificuldades para a publicação do livro nos Estados Unidos, não hesita em planejar alterações, visando torná-lo mais apetecível ao público norte-americano, que, segundo ele, traduziria em milhões de dólares seu apreço por uma obra escandalosa como essa.

São suas palavras nas *Cartas escolhidas*:

*"Um escândalo literário equivale no mínimo a 2.000.000 dólares para o autor e com essa dose de fertilizante não há ovo que não grele. Esse ovo de escândalo foi recusado por cinco editores conservadores e amigos de obras bem comportadas, mas acaba de encher de entusiasmo um editor judeu que quer que eu o refaça e ponha mais matéria de exasperação. Penso como ele e estou com idéias de enxertar um capítulo no qual conte a guerra de onde resultou a conquista pelos Estados Unidos do México e toda essa infecção **spanish** da América Central. O meu judeu acha que com isso até uma proibição policial obteríamos — o que vale um milhão de dólares. Um livro proibido aqui sai na Inglaterra e entra **boothegued** com o **whisky** e outras implicâncias dos puritanos".*

Como se vê, Monteiro Lobato, nesses anos 20, já tinha o olhar calibrado para o mercado ainda que se tratasse do distante e desconhecido mercado norte-americano.

10

Mas tudo isso foi posterior.

Em 1925, Monteiro Lobato está no Rio de Janeiro, e com ele a velha ebulição existencial que o empurrava para a ação, dificultada agora pela falência que deixou atrás um rastro de boatos. Longe de São Paulo, Monteiro Lobato frequenta a livraria Leite Ribeiro, colabora na imprensa, admira a paisagem e se distrai em grandes pescarias, que também recomenda aos amigos como terapêutica para a neurastenia.

No meio de tudo isso, e com o pesado compromisso de pagar as dívidas deixadas pela falência, Monteiro Lobato encontra tempo e vontade para candidatar-se a uma vaga na Academia Brasileira de Letras. Mas não encontra ânimo para as visitas de praxe, solicitando o voto dos acadêmicos, e é derrotado.

Entre as causas em que Monteiro Lobato empenha agora sua garra de jornalista polêmico e destemido, estão as críticas ao governo Bernardes, o apoio a uma política econômica que estabilize a moeda e o câmbio, e a defesa da importação livre de papel para livros.

É em torno desta última bandeira que ressurge em Monteiro Lobato o vigor com que alguns anos antes havia revolucionado o mercado livreiro do país.

Numa série de artigos, ele ataca com veemência a lei que taxa a importação de máquinas gráficas e de papel para livros, ao mesmo tempo que isenta de impostos os livros impressos em Portugal.

Na sua pena desbocada, tal legislação ressuscita o estatuto colonial que proibia a imprensa no Brasil[8].

Como a mesma lei que taxava em 170% a importação de papel para o livro liberava a importação de papel para jornais e revistas, a prática corrente era burlar a legislação, utilizando no fabrico de livros esse papel importado sem impostos. Mas a nascente indústria nacional de papel, com o intuito de proteger seus interesses, por volta de 1925-1926 advoga a obrigatoriedade de uma marca d'água neste papel de importação livre, o que impossibilita seu desvio.

É contra esta situação que Monteiro Lobato, usando de todo o prestígio de que seu nome já era então revestido, vem a público: em 1926 escreve a Washington Luís, agora presidente da República, uma longa carta, chamando sua atenção para o problema das tarifas de importação do papel.

Com uma retórica cheia de manha, Monteiro Lobato identifica os interesses da cultura nacional com os interesses da indústria livreira que ele então representa, e argumenta pela reforma da lei com a necessidade de baratear as cartilhas.

O episódio é muito significativo.

Nele contemplamos um Monteiro Lobato que pela segunda vez se faz porta-voz. E agora, na carta em que apresenta a Washington Luís suas credenciais de *editor falido e ressurgido,* falam interesses de um segmento social bem mais moderno do que aquele dos fazendeiros paulistas, que faziam coro na sua catilinária contra o caipira de "Velha praga" de 1914.

Monteiro Lobato avança com o capitalismo.

O avanço é consideravelmente significativo, quando não se perde de vista aquele velho lastro de pragmatismo lobatiano e sua sintonia com o processo de modernização capitalista por que passava o Brasil.

Com Washington Luís na presidência, Alarico Silveira (que protegera Monteiro Lobato no episódio da adoção de *Narizinho* pelas escolas paulistas) assume uma secretaria de governo, e Monteiro Lobato é nomeado adido comercial brasileiro em Nova Iorque, aonde chega com a família em 1927, a bordo do navio American Legion.

Sua experiência norte-americana é marcante.

Fica conhecendo um país industrialmente desenvolvido de forma plena e fascinado pela modernidade das máquinas e da tecnologia. Daí à idolatria pelo modo de vida norte-americano vai só um passo, e Monteiro Lobato não hesita em dá-lo. O passo, aliás, era previsível: Estados Unidos e Argentina foram sempre os padrões ante os quais Monteiro Lobato verberava o subdesenvolvimento brasileiro.

Residindo em Nova Iorque, Monteiro Lobato mergulha fundo no seu sonho. (A figura 20 reproduz a capa do livro *América*, no qual Monteiro Lobato relata sua experiência norte-americana.) Toma conhecimento de novas técnicas de beneficiamento de minério de ferro, visita as indústrias Ford e deslumbra-se todo. Reaviva-se e intensifica-se sua velha paixão pelo moderno e pela eficiência, que nos idos de 1914 o fizera intolerante em face da cultura primitivamente predatória dos jecas paulistas.

Metrô, eletrodomésticos, autoestradas, cinema falado, tudo deixa o velho fazendeiro de Buquira extasiado e o faz derramar sua admiração em cartas aos amigos brasileiros. Em seu entusiasmo não há lugar para críticas, e Monteiro Lobato envolve na mesma paixão tanto as fitas de Walt Disney e os espetáculos do Music City Hall quanto a agressão imperialista à Nicarágua e a execução de Sacco e Vanzetti.

Monteiro Lobato não conhece meias-medidas.

Em Nova Iorque, a vida da família é cheia de ocorrências: a filha Marta casa-se por lá, um de seus filhos adoece gravemente, e, apesar dos 700 dólares de salário, Monteiro Lobato tem de pedir auxílio. Mas, mesmo com a vida corrida e com problemas domésticos, ele sempre encontra tempo para pequenas delicadezas, como enviar uma gramática chinesa a Alarico (que aparentemente as colecionava), ou escrever a Rangel, contando-lhe que lera um trecho de obra sua no metrô, fazendo ressoar nas entranhas de Nova Iorque uma palavra nascida no sertão das Minas Gerais.

E, num raro e consentido momento de lirismo, rumina, num banco de Time Square, que a Lua que por lá brilha é a mesma que iluminava as noites de Taubaté e de Buquira...

Assim fascinado pelos Estados Unidos, Monteiro Lobato planeja a criação de companhias que viabilizem no Brasil o emprego de técnicas modernas para a transformação do ferro em aço. Este plano ousado delineia-se nas cartas em que propõe o negócio aos amigos. Antevê lucros fabulosos, fala em milhões de dólares, pede sigilo, agencia recursos e anuncia sociedades, num entusiasmo nervoso em que se alternam a ingenuidade do tom e o receio de soar como escroque.

Sua imersão no mundo capitalista chega ao auge no ressurgimento de seu velho fascínio pelo jogo. Ele joga na Bolsa de Valores de Nova Iorque e com ela quebra quando, em 1929, estão no ar os primeiros sintomas da crise mundial. A mesma crise torna precária a estabilidade do governo de Washington Luís e, consequentemente, a permanência de Monteiro Lobato no cargo de confiança que ocupava no exterior.

O dinheiro que perde na Bolsa é o único que tem.

Monteiro Lobato está pobre mais uma vez.

Sem nenhum empenho político que lhe valha, uma vez que seus amigos paulistas estão desalojados do poder, Monteiro Lobato regressa ao Brasil. As dificuldades econômicas obrigam-no a vender suas ações da Companhia Editora Nacional; deixa de ser um editor e sua participação na indústria editorial volta a ocupar o outro lado da mesa do capital.

Monteiro Lobato volta a ser escritor *full time*.

E a partir daí vai viver e sustentar a família com seus ganhos como escritor infantil e tradutor, não obstante a ótica, sob a qual pensa em livros e fala de literatura, continue a mesma, pragmática e de olho no mercado.

11

Regressado ao Brasil, Monteiro Lobato arregaça as mangas. Para sobreviver tem de trabalhar muito. Com cinquenta anos de idade ele passa horas a fio na máquina de escrever: está mergulhado no rearranjo de seus textos, na produção de novas histórias do sítio, na tradução de obras alheias.

Enquanto sobrevive disto, não abandona suas crenças no desenvolvimento (que ele chamava de riqueza) do Brasil, propondo uma política que entregasse à iniciativa nacional privada o beneficiamento do minério de ferro e a extração do petróleo. Para a concretização desses projetos ambiciosos, Monteiro Lobato multiplica sua jornada de trabalho e incentiva a formação de companhias para a exploração do petróleo (as figuras 21 e 22 representam "papéis" das companhias). Vende ações delas aos amigos e ao público em geral, tentando sensibilizar as autoridades para a importância dessa iniciativa.

É de 1931 a fundação da Companhia de Petróleo do Brasil, coirmã da Companhia de Petróleo Nacional, da Companhia Petrolífera Brasileira e da Companhia de Petróleo Cruzeiro do Sul, todas implacavelmente fracassadas, quer por boicote econômico, quer por sabotagem técnica.

No balanço que faz de sua campanha pelo petróleo, Monteiro Lobato atribui seu fracasso a razões políticas: para ele, o Departamento Nacional de Produção Mineral e o Conselho Nacional de Petróleo estavam comprometidos com os interesses dos trustes internacionais do petróleo.

Sem papas na língua, Monteiro Lobato vai aos poucos compreendendo e incorporando à sua reflexão sobre o Brasil a compreensão do caráter internacional do capitalismo.

Os trustes e os monopólios que sustentam o *american way of life* que ele tanto admirou nas terras do Tio Sam têm braços longos: tão longos que acabam por atingi-lo, quando seus esforços em prol do petróleo atraem contra ele as iras do sistema.

Em 1936 publica *O escândalo do petróleo,* livro que narra os percalços de seu projeto petrolífero em constantes tropeços na política governamental. A obra é um sucesso de público e um prato cheio para a censura. No ano seguinte, já em plena ditadura Vargas, o livro é proibido de circular, assim como as companhias de petróleo tinham sido proibidas de encontrar petróleo.

As relações de Monteiro Lobato com o poder ficam cada vez mais tensas.

Em 1940 a recusa do escritor em assumir a direção de um Ministério de Propaganda para o qual tinha sido convidado por Getúlio Vargas é decisiva: daí a um ano ele é preso, pouco tempo depois de ter dirigido uma carta a Getúlio Vargas responsabilizando-o pela má condução da política brasileira de minérios.

Monteiro Lobato vai para a cadeia no mesmo ano em que a Academia Brasileira de Letras altera seus estatutos para admitir Getúlio Vargas entre os imortais. Isto fica para sempre imperdoado por Monteiro Lobato, que alguns anos depois não toma conhecimento de sua indicação para a vaga da Academia que lhe oferecem Cassiano Ricardo e Menotti del Picchia.

Ao tempo de sua prisão, Monteiro Lobato já é um nome famoso, e as notícias a seu respeito têm uma repercussão bem maior do que a alcançada por aquele longínquo fazendeiro de Buquira que assinava artigos violentos contra o Jeca.

A prisão de Monteiro Lobato coincide com a de vários intelectuais, e a experiência de cadeia desperta sua atenção para os problemas dos detentos: tenta ensinar um a ler, divide com outros os doces que lhe mandam, escreve ao interventor de São Paulo fazendo-se porta-voz dos presos e, numa bela carta à esposa, reafirma-lhe seu amor maduro no mesmo parágrafo em que lhe agradece as aspirinas e o pijama.

Na cadeia, não perde a coragem nem a mordacidade: provoca as autoridades com correspondência desbocada e irreverente, como a carta que dirige ao general responsável por sua prisão, Horta Barbosa, comandante do Conselho Nacional do Petróleo, agradecendo-lhe

"os deliciosos e inesquecíveis dias passados na Casa de Detenção",

que lhe permitiram

*"meditar sobre o livro de Walter Pitkin, **A short introduction to the history of Human stupidity"**.*

Nem Getúlio escapa da mordacidade daquele detento sem papas na língua, que, no dia do aniversário do presidente, escreve-lhe outra carta sugerindo-lhe aproveitar *"o Conselho Nacional do Petróleo, o general comandante deste Conselho e os mais membros que o compõem (...) como combustível nas fornalhas das sondas".*

Mas, apesar de toda esta coragem, quem sai do presídio poucos meses depois é outro homem, desencantado e amargurado. Pelo desencanto e amargura do Monteiro Lobato dos anos 40 respondem também outros fatores além dos políticos: seus dois filhos morrem muito jovens, seu cunhado suicida-se, sua situação financeira é precária. Sobrevive de direitos autorais e das traduções que lhe consomem tempo e energia.

E Monteiro Lobato é um homem de sessenta anos ou quase.

Descrente do governo, enredado em problemas pessoais, ainda assim no último decênio de sua vida ressurge esporadicamente a garra daquele Monteiro Lobato que, entusiasmado com a Biblioteca do Congresso, em Washington, tinha dito que "um país se faz com homens e com livros". Por este tempo, suas simpatias ideológicas e intelectuais são amplas e díspares: começa a interessar-se pelo espiritismo, adere ao georgismo e aproxima-se bastante de algumas posições comunitárias.

É quando escreve sua obra mais desconhecida, *Zé Brasil*.

12

Monteiro Lobato muda-se para a Argentina em 1946, não sem antes reafirmar a velha ojeriza pelo modernismo nas artes plásticas: manifesta-se contrariamente à fundação de um Museu de Arte Moderna em São Paulo, lançando mão de argumentos muito parecidos com aqueles que, em 1917, usara contra Anita Malfatti.

Suas esperanças, nesse momento, são todas postas na Argentina, onde suas obras são traduzidas e onde ele funda com amigos a editora Acteon. (A figura 23 representa a capa da edição argentina de *Caçadas de Pedrinho.*) Lá, escreve mais um livro, com o pseudônimo de Miguel García: *La nueva Argentina,* obra que defende o plano quinquenal, texto corrido e didático, em que um pai — fazendo de Dona Benta — explica aos filhos a plataforma (peronista) que transformará a Argentina num país forte e feliz.

Mas o exílio voluntário lhe pesa.

Sente falta dos amigos, e acaba por regressar ao Brasil. Na bagagem do Monteiro Lobato que em 1947 desembarca em São Paulo parece vir aprendida uma importante lição: o Monteiro Lobato de agora parece compreender mais ampla-mente a natureza do capitalismo, aperfeiçoando a compreensão que, já em 1935, no auge da campanha do petróleo, num artigo intitulado "Os grandes crimes contra os povos", o fazia referir-se ao

"capitalismo anônimo internacional que paira sobre o mundo como tremendo Pássaro Roca controlador dos governos fracos [que] não passam de bonecos nas mãos do Poder Oculto do Capitalismo Internacional Anônimo do qual até agora só um país se salvou: A Rússia".

Em 1944, antes ainda de viajar para a Argentina, a mesma compreensão inspirou-lhe o desligamento da União Cultural Brasil-Estados Unidos, justi-ficada numa carta (*Cartas escolhidas*) em que confessa seu desengano ao ter verificado que

"os americanos fazem a maior das guerras ao fascismo na Europa e dão todo o apoio moral e material ao mesmo fascismo aqui".

Não é inesperado, portanto, o ressurgimento, no mesmo compasso, da velha admiração do escritor por Luís Carlos Prestes. A partir dos anos 40, com breves interregnos (como quando, por exemplo, Monteiro Lobato não admite a alian-ça dos comunistas com Vargas), as coincidências entre as posições de Monteiro Lobato e as do PCB vão se estreitando e se multiplicando.

Muito embora Monteiro Lobato jamais tenha se filiado ao PCB, é convidado, em 1945, a integrar a chapa dos comunistas, o que recusa alegando recentes (e verdadeiros) problemas de saúde. Recusa a candidatura, mas não se recusa a fazer uma saudação a Prestes, lida no comício de 15 de julho de 1945 no Pacaembu. A manifestação de simpatia pelos comunistas repete-se três anos depois, em 1948, quando, regressado da Argentina, envia o texto *O rei vesgo* para ser lido no comício de protesto pela cassação dos parlamentares do PCB.

É no bojo desse realinhamento ideológico que a figura do caipira ressurge pela terceira e última vez na obra de Monteiro Lobato, agora numa perspectiva que supera integralmente a ótica patronal e paternalista que orientava os textos de *Velha praga, Urupês* e *Jeca Tatuzinho*.

Trata-se de *Zé Brasil,* livreto que representa uma autocrítica (a figura 24 reproduz a capa do folheto).

Este Monteiro Lobato maduro reescreve o jovem Monteiro Lobato que em 1914 não tinha sabido entender a dimensão econômica do problema agrário brasileiro. Zé Brasil corrige também o outro Monteiro Lobato que, nos anos 20, no meio de campanhas pela saúde pública, avança a questão, mas não chega a atinar que o problema das péssimas condições de saúde do Jeca era decorrente da infraestrutura brasileira.

Nesta última versão, de 1947, o Jeca se metaforiza em Zé Brasil, camponês sem terra e cuja única esperança reside no Cavaleiro da Esperança, Luís Carlos Prestes.

Zé Brasil é o último texto de Monteiro Lobato, que morre um ano depois de sua publicação, no auge da fama.

Ao retornar da Argentina, Monteiro Lobato não tem onde morar. Vai ficando provisoriamente em hotéis, enquanto não acha onde instalar-se definitivamente. E crê ser também provisoriamente que se instala com a mulher e a filha no último andar de um prédio na paulistaníssima Rua Barão de Itapetininga, onde então funcionava a Editora Brasiliense.

De um terraço na cobertura, contempla a sua São Paulo. Em sua cadeira de balanço, rumina seus planos. Alguns andares abaixo, a Editora Brasiliense, agora sua editora, casa que fundou com Artur Neves e Caio Prado Jr.

É neste décimo segundo andar — a poucos quarteirões do velho Café Guarany e das velhas arcadas do Largo de São Francisco, que ele tanto viveu no começo do século — que Monteiro Lobato tem seu escritório, recebe os amigos, joga partidas de xadrez e escreve cartas. São suas últimas cartas.

Nelas se amiúdam as reflexões sobre a morte, pressentida nas indisposições frequentes, nos remédios receitados, no rigor da dieta prescrita.

Remédios que Monteiro Lobato não toma e prescrições que não segue, como que se recusando a retardar a morte, que chega solitária, na madrugada de 4 de julho.

Seu enterro é uma apoteose gigantesca, conduzida pela multidão que o vela na Biblioteca Municipal e que depois carrega seu ataúde nos braços, até o Cemitério da Consolação. A consagração pública aponta a sintonia de Monteiro Lobato com o Brasil de seu tempo.

Sintonia que, como tudo o que diz respeito a Monteiro Lobato, foi apaixonada e radical. Sintonia dolorosa e difícil, da qual ele foi ao mesmo tempo estrela e vítima.

Reconheciam-no nas ruas, pediam-lhe autógrafos, entrevistavam-no a propósito de tudo, solicitavam-lhe prefácios e cartas de apresentação; mas suas entrevistas eram proibidas nos jornais e rádios do Estado Novo, que não podiam sequer mencionar-lhe o nome…

Monteiro Lobato era amado pelas crianças, para as quais criara o sítio de Dona Benta. Com elas se correspondia, visitava-as em escolas e bibliotecas, quando submergia em abraços e perguntas. Mas sua obra infantil foi proibida em bibliotecas, banida de escolas públicas, queimada em colégios religiosos. A marca de escritor infantil maldito foi ficando tão forte, que Monteiro Lobato acabou transferindo seus títulos da Companhia Editora Nacional para a Editora Brasiliense: Octales Marcondes, proprietário da Companhia Editora Nacional, temia que a campanha sistemática contra os livros de seu ex-sócio afetasse a venda dos outros livros da casa.

A sintonia de Monteiro Lobato com seu tempo foi, como se disse, difícil e dolorosa.

Mas se a glória póstuma não cala a dor vivida, pode ao menos resgatá-la, dando-lhe um sentido. Que no caso de Monteiro Lobato talvez tenha começado a delinear-se nos milhares de braços que o carregaram até o Cemitério da Consolação e, mais do que isso, nos milhares de leitores para os quais, abrindo as porteiras do Sítio do Picapau Amarelo, Monteiro Lobato abria também as portas de uma vida mais feliz, porque mais intensa e mais humana.

1882	Em 18 de abril nasce em Taubaté José Renato Monteiro Lobato, filho de José Bento Marcondes Lobato e Olímpia Augusta Monteiro Lobato, na casa do avô materno, José Francisco Monteiro, visconde de Tremembé.	
1883		Organização de uma Confederação Abolicionista no Brasil.
1884		Libertação dos escravos no Ceará e no Amazonas.
1885		Aprovação da Lei dos Sexagenários, que liberta os escravos aos sessenta e cinco anos.
1886	Nasce Ester Monteiro Lobato (Teca), outra filha do casal.	Fundação da Sociedade Promotora da Imigração.
1887		Recusa do Exército em envolver-se na captura de escravos fugidos.
1888	Já alfabetizado pela mãe, José Renato tem aulas particulares com Joviano Barbosa.	Abolição da escravatura.
1889	Em Taubaté, Monteiro Lobato frequenta os colégios *Kennedy*, *Americano* e *Paulista*.	Proclamação da República.
1890		Crise econômica do Encilhamento. 14.333.915 habitantes no Brasil. 106.819 imigrantes chegam ao Brasil.
1891		Renúncia de Deodoro da Fonseca e posse de Floriano Peixoto.
1893	Altera seu nome para José Bento. Frequenta o *Colégio São João Evangelista*.	Revolta da Armada.
1894	Ganha e usa (envergonhadíssimo) sua primeira calça comprida.	

1895	Em dezembro, vai para São Paulo, onde em janeiro prestará exames para ingresso no curso preparatório.	
1896	Reprovado, regressa a Taubaté e ao Colégio Paulista. Durante o ano letivo colabora no jornalzinho estudantil *O Guarany*, coleciona textos que o interessam e lê muito. Em dezembro é aprovado nos exames que presta.	
1897	Transfere-se para São Paulo, interno (por três anos) no *Instituto Ciências e Letras*.	Destruição do arraial de Canudos.
1898	Em 13 de junho morre seu pai. No *Instituto Ciências e Letras* participa pela primeira vez das sessões do *Grêmio Literário Álvares de Azevedo*.	
1899	Em 22 de junho morre sua mãe.	
1900	Ingressa na *Faculdade de Direito de São Paulo*. Com os colegas de turma, funda uma *Arcádia Acadêmica*, em cuja sessão inaugural faz um discurso intitulado *Ontem e hoje*.	17.318.556 habitantes no Brasil. 37.807 imigrantes chegam ao Brasil.
1902	Eleito presidente da *Arcádia Acadêmica*. Colabora com artigos sobre teatro no jornal *Onze de Agosto*.	2º Congresso Socialista Brasileiro em São Paulo.
1903	Forma-se o grupo *O Cenáculo*, que reúne Monteiro Lobato, Ricardo Gonçalves, Cândido Negreiros, Raul de Freitas, Godofredo Rangel, Tito Lívio Brasil, Lino Moreira, José Antônio Nogueira.	
1904	Formado, Monteiro Lobato regressa a Taubaté. Vencedor de um concurso de contos, o texto *Gens ennuyeux* é publicado no jornal *Onze de Agosto*.	Revolta contra medidas sanitárias adotadas no Rio de Janeiro.
1905	De Taubaté, Monteiro Lobato queixa-se da vida interiorana. Acalenta planos de fundar uma fábrica de geleias em sociedade com um amigo.	
1906	Firma namoro com Maria Pureza da Natividade. Ocupa, interinamente, a promotoria de Taubaté.	Medidas econômicas de proteção ao café.

1907 Assume a promotoria de Areias.

20.215.000 habitantes no Brasil.
624.064 matrículas no Ensino Fundamental.

1908 Em 28 de março, casa-se com Maria Pureza.

1909 Em março, nasce Marta, primogênita do casal. Insatisfeito com a pacatez de Areias, planeja abrir uma venda.

1910 Em maio, nasce Edgar, seu segundo filho. Associa-se a um negócio de estradas de ferro.

23.151.669 habitantes no Brasil.
86.751 imigrantes chegam ao Brasil.
67% da população brasileira vive no campo.

1911 Herda a fazenda *Buquira*, para onde se muda. Dedica-se à modernização da lavoura e da criação. Abre um externato em Taubaté, que confia ao cunhado.

1912 Em 26 de maio, nasce Guilherme, seu terceiro filho.

1913 Insatisfeito com a vida na fazenda, planeja, com Ricardo Gonçalves, explorar comercialmente o Viaduto do Chá.

1914 Em 12 de novembro, *O Estado de S. Paulo* publica o artigo "Velha praça". Em 23 de dezembro, o mesmo jornal publica "Urupês".

Início da Primeira Guerra Mundial.

1916 Na vila de Buquira, envolve-se com política, mas logo se desencanta. Em fevereiro nasce Ruth, sua última filha. Inicia colaboração na *Revista do Brasil*, recém-fundada.

1917 Vende a fazenda. Funda, em Caçapava, a revista *Paraíba*. Transfere-se com a família para São Paulo. Organiza para *O Estado de S. Paulo* uma pesquisa sobre o saci. Em 20 de dezembro publica crítica desfavorável à exposição de pintura de Anita Malfatti.

Greve operária em São Paulo.
500.000 habitantes em São Paulo.

1918 Em maio, compra a *Revista do Brasil*. Em julho, publica com retumbante sucesso o livro *Urupês*. Funda a editora Monteiro Lobato & Cia. Publica, com o título *O problema vital*, um conjunto de artigos sobre saúde pública.

1919	Rui Barbosa, em campanha eleitoral, evoca a figura do Jeca Tatu, reacendendo a velha polêmica.	
1920	O conto "Os faroleiros" serve de argumento para um filme de Antônio Leite e Miguel Milani. Lança *A menina do narizinho arrebitado* (álbum).	20 casas editoras em São Paulo movimentam 3.500 contos. 30.635.605 habitantes no Brasil. 6.155.567 habitantes do Brasil sabem ler e escrever.
1921	Lança *Narizinho arrebitado,* com anúncios na imprensa e distribuição de 500 exemplares gratuitos para escolas.	
1922	Inscreve-se para uma vaga na *Academia Brasileira de Letras,* mas desiste.	Semana de Arte Moderna em São Paulo é parte das celebrações do centenário da independência. Levante tenentista no Forte de Copacabana.
1923		Início da Coluna Prestes.
1924	Incorpora gráfica moderníssima à sua editora.	
1925	A editora de Monteiro Lobato vai à falência. Em sociedade com Octales Marcondes, funda a *Companhia Editora Nacional.* Transfere-se para o Rio de Janeiro.	
1926	Concorre a uma vaga na *Academia Brasileira de Letras,* e é derrotado. Em carta ao recém-empossado Washington Luís, defende os interesses da indústria editorial. Publica em folhetim *O presidente negro.*	
1927	É nomeado adido comercial brasileiro em Nova Iorque, para onde se muda. Planeja a fundação da *Tupy Publishing Company.*	
1928	Entusiasmado com os Estados Unidos, visita em Detroit a *Ford* e a *General Motors.* Organiza uma empresa brasileira para produzir aço pelo processo Smith.	
1929	Joga na Bolsa de Nova Iorque e perde tudo o que tem.	

1930	Para cobrir suas perdas com o *crack* da Bolsa, vende suas ações da *Companhia Editora Nacional.*	37.625.516 habitantes no Brasil. 33.049 escolas de Ensino Fundamental no Brasil. 2.084.954 matrículas no Ensino Fundamental. 1.145 escolas de Ensino Médio no Brasil. 72.541 matrículas no Ensino Médio. Revolução põe fim à Primeira República.
1931	Retornando dos EUA, funda a *Companhia de Petróleo do Brasil.* Organiza a publicação de várias histórias infantis no volume *Reinações de Narizinho.* Por alguns anos, seu tempo é integralmente dedicado à campanha pelo petróleo, e sua sobrevivência é garantida pela publicação de histórias infantis e tradução de livros.	
1932		Revolução Constitucionalista em São Paulo.
1933		Primeira eleição brasileira (escolha da Assembleia Constituinte) em que mulheres votam.
1934	Sua *História do mundo para crianças* começa a sofrer crítica e censura da Igreja.	Criação da Universidade de São Paulo.
1936	Apresentando um dossiê de sua campanha em prol do petróleo, *O escândalo do petróleo* esgota várias edições. Ingressa na *Academia Paulista de Letras.* O governo proíbe e recolhe *O escândalo do petróleo.* Morre Heitor de Morais, cunhado de Monteiro Lobato, seu correspondente e grande amigo.	
1937		Início da ditadura do Estado Novo. Criação do Instituto Nacional do Livro.
1938	Cria a *União Jornalística Brasileira*, empresa destinada a redigir e distribuir notícias pelos jornais.	

1939	Carta de Monteiro Lobato ao ministro da Agricultura precipita a abertura de um inquérito sobre o petróleo. Em fevereiro, morre seu filho Guilherme.	45.002.226 habitantes no Brasil. Início da Segunda Guerra Mundial.
1940	Recebe (e recusa) convite de Getúlio Vargas para dirigir um *Ministério de Propaganda*. Em carta a Vargas, faz severas críticas à política brasileira de minérios. O teor da carta é tido como subversivo e desrespeitoso.	46.583 escolas de Ensino Fundamental no Brasil. 3.302.857 matrículas no Ensino Fundamental. 821 escolas de Ensino Médio no Brasil. 170.057 matrículas no Ensino Médio brasileiro.
1941	Em março é preso pelo Estado Novo, permanecendo detido até junho.	
1942	Em fevereiro, morre seu filho Edgar.	Declaração de guerra do Brasil à Alemanha.
1943	Comemora 25 anos da publicação de *Urupês*.	
1944	Recusa indicação para a Academia Brasileira de Letras.	
1945	Em setembro, opera-se de um cisto no pulmão. Recebe e recusa convite para integrar a bancada de candidatos do *Partido Comunista Brasileiro*. Envia saudação a Luís Carlos Prestes, a ser lida no comício do Pacaembu. Integra a delegação de escritores paulistas ao *I Congresso Brasileiro de Escritores*.	46.002.000 habitantes no Brasil. Fim da Segunda Guerra Mundial. Fim do Estado Novo: deposição de Getúlio Vargas.
1946	Muda-se para a Argentina. É contrário à fundação de um *Museu de Arte Moderna* em São Paulo. Prepara, para a *Editora Brasiliense*, a edição de suas obras completas.	
1947	Regressa ao Brasil.	
1948	Em abril, um primeiro espasmo vascular afeta a motricidade de Monteiro Lobato. Em 4 de julho, morre de madrugada; seu corpo é velado na *Biblioteca Municipal*, e o sepultamento realiza-se no *Cemitério da Consolação*.	

BIBLIOGRAFIA DE MONTEIRO LOBATO

Literatura Geral

O saci-pererê (1918)
Urupês (1918)
O problema vital (1918)
Cidades mortas (1919)
Ideias de Jeca Tatu (1919)
Negrinha (1920)
A onda verde (1921)
Mundo da lua (1923)
O macaco que se fez homem (1923)
O presidente negro (1926)
How Henry Ford is regarded in Brazil (1926)
Mr. Slang e o Brasil (1927)
Ferro (1931)
América (1932)
Na antevéspera (1933)
O escândalo do petróleo (1936)
A barca de Gleyre, 2 vols. (1944)
Prefácios e entrevistas (1946)
Zé Brasil (1947)
La nueva Argentina (1947)
Literatura do Minarete (*)
Conferências, artigos e crônicas (*)
Cartas escolhidas, 2 vols. (*)
Crítica e outras notas (*)
Cartas de Amor

Literatura infantil

O saci (1921)
Aventuras de Hans Staden (1927)
Peter Pan (1930)
Reinações de Narizinho (1931)
Viagem ao céu (1932)
Caçadas de Pedrinho (1933)
História do mundo para crianças (1933)
Emília no país da gramática (1934)
Aritmética da Emília (1935)
Geografia de Dona Benta (1935)
História das invenções (1935)
Memórias da Emília (1936)
D. Quixote das crianças (1936)
Serões de Dona Benta (1937)
O poço do Visconde (1937)
Histórias de Tia Nastácia (1937)
O picapau amarelo (1939)
O Minotauro (1939)
Reforma da natureza (1941)
A chave do tamanho (1942)
Fábulas e histórias diversas
Os doze trabalhos de Hércules, 2 vols. (1944)
O garimpeiro do Rio das Garças (*)
Uma fada moderna (*)
A lampreia (*)
No tempo de Nero (*)
A casa da Emília (*)
O centaurinho (*)

As obras assinaladas com (*) são póstumas. As demais, com exceção de *O saci-pererê*, *How Henry...*, *Zé Brasil* e *La nueva Argentina*, estão mencionadas tal como foram organizadas pelo autor para publicação de sua *Obra Completa*.

As obras assinaladas com (*) não estão incluídas nas *Obras Completas* que o autor organizou para a Editora Brasiliense. Os cinco últimos títulos foram publicados inicialmente em Buenos Aires.

ROTEIRO DE LEITURAS

A bibliografia sobre Monteiro Lobato já é bem ampla. Entre as biografias destaca-se a de Edgar Cavalheiro (*Monteiro Lobato, vida e obra*. São Paulo: Brasiliense, 1956), que é bastante extensa, minuciosa, fruto de pesquisa nos arquivos do próprio Monteiro Lobato e filtrada pelo carinho e admiração de seu autor pelo biografado. Fonte obrigatória de consulta, inspirou as outras biografias em circulação, entre as quais, pela inventividade e precisão, destaca-se a que consta do vol. 55 da série *Grandes Vultos da Nossa História* (São Paulo: Abril Educação, a cargo de Carlos de Morais).

Ainda na linha biográfica, mas sem esse compromisso explícito, e acrescidas de depoimentos de contemporâneos de Monteiro Lobato, testemunhos importantes para a compreensão ampla do meio social por onde circulou o escritor, vêm os trabalhos de Paulo Dantas (*Presença de Lobato*. São Paulo: Editora do Autor, 1978, e *Vozes do tempo de Lobato*. São Paulo: Traço Ed., 1982), Cassiano Nunes (*O sonho americano de Monteiro Lobato* e *O último sonho de Monteiro Lobato*) e de Nélson Palma Travassos (*Minhas memórias dos Monteiros Lobatos*. São Paulo: EDART, 1964).

Em particular, o trabalho de Cassiano Nunes se reveste de fundamental importância, na medida em que inclui um paciente levantamento de cartas inéditas de Monteiro Lobato.

Como subsídio para conhecimento da importância de Monteiro Lobato no contexto da indústria editorial brasileira, impõe-se o recurso a três fontes: Terezinha del Fiorentino, *Prosa de Ficção em São Paulo: produção e consumo — 1900-1922*. São Paulo: HUCITEC/Secretaria de Estado da Cultura, 1982; L. Hallewell, São Paulo: T. A. Queirós, 1985;

e Alice Mitika Koshima, *Monteiro Lobato: intelectual, empresário, editor*. São Paulo: T. A. Queirós, 1985.

Debruçando-se mais detidamente na obra literária lobatiana, vários textos recentes são importantes, em particular o de Zinda Maria Carvalho Vasconcelos, *O universo ideológico da obra de Monteiro Lobato*. São Paulo: Traço Editora, 1982, o de Eliana Yunes, *Presença de Monteiro Lobato*, e a coletânea de ensaios organizada por Regina Zilberman, *A modernidade de Monteiro Lobato*. Porto Alegre: Mercado Aberto, 1983.

E finalmente, infringindo praxe, etiqueta e modéstia, cito ainda dois trabalhos: *Literatura infantil brasileira: história e histórias*. São Paulo: Ática, 1985, de Regina Zilberman e meu, onde o estudo da obra infantil lobatiana se contextualiza na história dos livros brasileiros para a infância. No capítulo "Jeca Tatu em três tempos" (*in* Roberto Schwarz (org.), *Os pobres na literatura brasileira*. São Paulo: Brasiliense, 1983), analiso mais detidamente o percurso ideológico de Monteiro Lobato em face do caipira paulista. Em "Lobato, um Dom Quixote no caminho da leitura" (Marisa Lajolo. *Do mundo da leitura para a leitura do mundo*. São Paulo: Ática, 1999. 4. ed.) desvendo a concepção e o projeto de leitura inseridos na obra de Lobato.

Mais recentemente, os estudos lobatianos vêm sendo consideravelmente fecundados pela publicação de diversas obras que se debruçam sobre diferentes aspectos da obra de Monteiro Lobato de diferentes pontos de vista. O fato de muitas destas obras originarem-se de trabalhos universitários parece também sugerir que está se ampliando o espaço que o escritor vem ocupando na vida acadêmica brasileira.

Pode abrir o elenco de tais obras o livro de André Luiz Vieira de Campos (*A república do Pica-pau Amarelo: uma leitura de Monteiro Lobato.* São Paulo: Martins Fontes, 1986) que promove uma discussão muito instigante de vários aspectos sociopolíticos da obra lobatiana. Dois anos mais tarde, Vasda Bonafini Landers (*De Jeca a Macunaíma: Monteiro Lobato e o Modernismo.* Rio de Janeiro: Civilização Brasileira, 1988) discute, com rigor e competência, as polêmicas relações entre Monteiro Lobato e o modernismo paulista.

Tadeu Chiarelli (*Um Jeca nos vernissages paulistas.* São Paulo: Edusp, 1995) ocupa-se do Monteiro Lobato crítico de arte e pintor bissexto, iluminando bastante o panorama das artes plásticas no contexto cultural paulista dos arredores do Modernismo dos anos vinte e redimensionando o *affair* Anita Malfatti e Lobato.

Um livro bastante recente, de José Whitaker Penteado (*Os filhos de Lobato: o imaginário infantil da ideologia do adulto.* Rio de Janeiro: Qualitymark / Dunya Editora, 1997), estuda — num dos raros trabalhos brasileiros de pesquisa empírica de leitura — a presença da obra lobatiana na memória de seus leitores. Em obra também recente e de grande impacto, Carmem Lúcia Azevedo, Márcia Camargos e Vladimir Sachetta (*Monteiro Lobato, furacão na Botocúndia.* São Paulo: Ed. Senac, 1997) enriquecem sobremaneira a pesquisa sobre Lobato, trazendo à luz dados da vida e da obra do escritor, num livro lindo e requintado.

Fecha este breve roteiro de navegação pelos estudos lobatianos — como a chave de ouro dos sonetos antigos — Luciana Sandroni, autora de uma deliciosa e divertidíssima biografia de Monteiro Lobato (*Minhas memórias de Lobato.* São Paulo: Companhia das Letrinhas, 1997) que é narrada por Emília e pelo Visconde.

FONTES DAS CARTAS E CITAÇÕES

p. 22 — LOBATO, Monteiro. Carta a Heitor de Morais, de 15/08/1909. In: *Cartas escolhidas*. 1º tomo. São Paulo: Editora Brasiliense, 1964, p. 187-193.

p. 30 — LOBATO, Monteiro. Faz vinte e cinco anos… entrevista dada a Silveira Peixoto para "Vamos ler". In: *Prefácios e entrevistas*. São Paulo: Editora Brasiliense, 1964, p. 100-102.

p. 33/34 — LOBATO, Monteiro. *A barca de Gleyre: quarenta anos de correspondência literária entre Monteiro Lobato e Godofredo Rangel*. 2º tomo. São Paulo: Editora Brasiliense, 1957, p. 189-191.

p. 34 — carta de 30/05/1921:
LOBATO, Monteiro. *A barca de Gleyre: quarenta anos de correspondência literária entre Monteiro Lobato e Godofredo Rangel*. 2º tomo. São Paulo: Editora Brasiliense, 1957, p. 231.

Carta de 30/08/1924:
LOBATO, Monteiro. *A barca de Gleyre: quarenta anos de correspondência literária entre Monteiro Lobato e Godofredo Rangel*. 2º tomo. São Paulo: Editora Brasiliense, 1957, p. 267.

p. 34 — carta de 07/10/1924:
LOBATO, Monteiro. *A barca de Gleyre: quarenta anos de correspondência literária entre Monteiro Lobato e Godofredo Rangel*. 2º tomo. São Paulo: Editora Brasiliense, 1957, p. 271.

p. 35 — carta de 20/02/1919:
LOBATO, Monteiro. *A barca de Gleyre: quarenta anos de correspondência literária entre Monteiro Lobato e Godofredo Rangel*. 2º tomo. São Paulo: Editora Brasiliense, 1957, p. 189-191.

p. 35 — carta de 16/03/1946:
LOBATO, Monteiro. *A barca de Gleyre: quarenta anos de correspondência literária entre Monteiro Lobato e Godo-

fredo Rangel*. 2º tomo. São Paulo: Editora Brasiliense, 1957, p. 373-375.

p. 36 — carta de 29/11/1920:
LOBATO, Monteiro. *A barca de Gleyre: quarenta anos de correspondência literária entre Monteiro Lobato e Godofredo Rangel*. 2º tomo. São Paulo: Editora Brasiliense, 1957, p. 220-223.

p. 54 — LOBATO, Monteiro. Dezessete milhões de opilados. In: *Mr. Slang e o Brasil e Problema Vital*. São Paulo: Editora Brasiliense, 1957, p. 231-237.

LOBATO, Monteiro. Iguape. In: *Mr. Slang e o Brasil e Problema Vital*. São Paulo: Editora Brasiliense, 1957, p. 303-312.

p. 55/56 — G. M. *De pé, Geca Tatú! (Em defesa) — Criticar, humilhar a quem se não pode. Defender é Covardia!* São Paulo: Officinas da Sociedade Anonyma Editora Livraria Magalhães, 1920, p. 6-8.

p. 65/66 — LOBATO, Monteiro. Faz vinte e cinco anos… entrevista dada a Silveira Peixoto para "Vamos ler". In: *Prefácios e entrevistas*. São Paulo: Editora Brasiliense, 1964, p. 100-102.

p. 69 — LOBATO, Monteiro. Carta a Gastão Cruls de 10/12/1927. In: *Cartas escolhidas*. 1º tomo. São Paulo: Editora Brasiliense, 1964, p. 217-221.

p. 77 — "(…) human stupidity":
— Apud CAVALHEIRO, Edgard. *Monteiro Lobato: vida e obra*. 2º volume. São Paulo: Editora Brasiliense, 1955, p. 488.

p. 78 — "(…) fornalhas das sondas":
— Apud CAVALHEIRO, Edgard. *Monteiro Lobato: vida e obra*. 2º volume. São Paulo: Editora Brasiliense, 1955, p. 490.

p. 80 — Cartas escolhidas e Conferências, artigos e crônicas.

NOTAS DO TEXTO

1 Em *Um jeca nos vernissages*, Tadeu Chiarelli faz um excelente estudo do papel de Monteiro Lobato no cenário das artes plásticas paulistas. (Chiarelli, T. *Um jeca nos vernissages*. São Paulo: Edusp, 1995.)

2 Os cuidados de Monteiro Lobato com o aspecto dos livros que edita são o tema do delicioso livro *Monteiro Lobato: editor*, de Cláudio Giordano. (Giordano, Cláudio. *Monteiro Lobato: editor*. São Paulo: Editora Giordano, Associação Brasileira de Encadernação e Restauro, 1996.) Em "Quem conta um conto… aumenta, diminui, modifica: O processo de escrita do conto lobatiano". (Dissertação de Mestrado. Mimeo. Unicamp (1998), Milena Martins estuda variantes dos contos lobatianos, outra manifestação — agora textual — do cuidado do escritor com a materialidade de sua obra.

3 No artigo "Negros e negras em Monteiro Lobato" (apud *Lendo e escrevendo Monteiro Lobato*. Belo Horizonte: Editora Autêntica, 1999), discuto alguns aspectos da questão ética na obra lobatiana.

4 Em *Os filhos de Lobato*, José Whitaker Penteado discute os sugestivos resultados de uma pesquisa entre os leitores de Lobato. (Penteado, J. Whitaker. *Os filhos de Lobato: o imaginário infantil na ideologia do adulto*. Rio de Janeiro: Qualitymark/Dunya, 1997.)

5 Em "Personagens infantis da obra para adultos e da obra para crianças de Monteiro Lobato: convergências e divergências" (Dissertação de Mestrado. Mimeo. Unicamp, 1998), Cilza Carla Bignotto estabelece paralelos muito instigantes entre diferentes representações da infância na obra lobatiana.

6 Em *Um inglês no sítio de Dona Benta*: estudo da apropriação de Peter Pan na obra infantil lobatiana (Dissertação de Mestrado. Mimeo. Unicamp, 1998), Adriana Silene Vieira aponta aspectos muito interessantes da influência inglesa na obra de Monteiro Lobato.

7 cf. Martins, Milena R. *Quem conta um conto (…)* tese de Mestrado. (Mimeo) IEL, Unicamp, 1998.

8 "Direitos e esquerdos autorais", apud *A formação da leitura no Brasil* (Lajolo, M. e Zilberman, R. *A formação da leitura no Brasil*. São Paulo: Ática, 1996.)

NOTAS DAS FIGURAS

1. Cf. Monteiro Lobato. *Cartas escolhidas.* 6. ed., São Paulo: Brasiliense, 1970, p. 15.
2. Cf. Monteiro Lobato. *Cartas escolhidas.* 6. ed., São Paulo: Brasiliense, 1970, p. 17.
3. Cf. "Velha praga" in *Urupês.* São Paulo: Brasiliense, 1966, p. 272-273.
4. Cf. *O Sacy-Pererê (resultado de um inquérito).* Edição fac-similar. São Paulo: Monteiro Lobato, 1998.
5. Cf. Monteiro Lobato. *A barca de Gleyre.* São Paulo: Brasiliense, 1956, p. 265 (2º vol).
6. Cf. Monteiro Lobato. *A barca de Gleyre.* São Paulo: Brasiliense, 1956, p. 287 (2º vol).
7. "Foi com interesse maior do que o comum que li sua história *O choque das raças,* pois o material é apresentado de forma envolvente e revela uma imaginação rica e criativa. Infelizmente, no entanto, o tema central baseia-se em um assunto que é particularmente difícil de apresentar a este país, pois pode despertar um tipo muito desagradável de posicionamento e por isso os editores invariavelmente detestam apresentá-lo para o público leitor." (Cópia da carta em inglês encontra-se em um álbum que pertenceu à esposa de Monteiro Lobato, guardado no Museu Monteiro Lobato.)
8. Cf. Monteiro Lobato. *A barca de Gleyre.* São Paulo: Brasiliense, 1956, p. 302 (2º. vol).
9. Cf. Monteiro Lobato. *Cartas escolhidas.* 6ª ed., São Paulo: Brasiliense, 1970, p. 177.
10. Cf. Monteiro Lobato. *O poço do Visconde.* São Paulo: Brasiliense, 1957, p. 252.
11. Cf. Brito Broca. Publicado em *O repórter impenitente.*
12. Cf. *Zé Brasil.* Ed. Vitória, 1947.